Caroline

Jean Anouilh

ANTIGONE

Edition scolaire

Texte et documents

Présentation et notes par Ernst Kemmner

Ernst Klett Verlag

Jean Anouilh *Antigone,* Texte et documents
Edition scolaire

Herausgegeben von Ernst Kemmner
unter Mitwirkung der Verlagsredaktion Neue Sprachen.
Mitarbeiter an diesem Werk: Peter Holzke.

Bildquellen:
p. 4: Photo Lipnitzki-Violet, Paris; p. 68: Collection Violet, Paris;
p. 73: Agence de Presse Bernand, Paris.

1. Auflage 1 5 4 3 2 | 1991 90 89 88

Alle Drucke dieser Auflage können im Unterricht nebeneinander benutzt werden, sie sind untereinander unverändert. Die letzte Zahl bezeichnet das Jahr dieses Druckes.

Umschlaggestaltung: Hans Lämmle, Stuttgart.
Satz: Setzerei Lihs, Ludwigsburg.
Druck: Wilhelm Röck, Weinsberg. Printed in Germany.
ISBN 3-12-597253-1

Table des matières

Notes biographiques

«Je n'ai pas de biographie et j'en suis très content»: celle est la fameuse phrase d'une lettre d'Anouilh adressée à Hubert Gignoux. Autant dire que son œuvre seule a de l'importance et que sa vie privée ne regarde que lui. Essayons tout de même d'en dégager les points de repère les plus marquants.

Jean Anouilh est né à Bordeaux, le 23 juin 1910. Son père est tailleur, sa mère, pianiste. A Paris, il fait des études à l'école Colbert, puis au collège

Chapsal où il rencontre Jean-Louis Barrault. Pendant un an et demi, il suit des cours à la Faculté de droit sans cependant y trouver de goût. Après un bref stage dans une maison de publicité, il devient secrétaire de Louis Jouvet, grand acteur et metteur en scène. En 1928, il rencontre Giraudoux et cette rencontre paraît l'avoir orienté vers le théâtre. Sa première pièce, *La Mandarine,* achevée en 1929, ne devait être jouée qu'en 1933 au théâtre de l'Athénée. A la suite de l'échec retentissant de la pièce, Anouilh la retire de son œuvre. L'année précédente (1932), *L'Hermine,* créée au théâtre de l'Œuvre, avait été accueillie favorablement par le public. Avec *Le Voyageur sans bagage* (1937), joué avec grand talent par les Pitoëff et accompagné par la musique de Darius Milhaud, Anouilh finit par s'imposer. A partir de 1938, Anouilh se lie d'amitié avec André Barsacq et pendant près de quinze ans (jusqu'en 1953), le nom d'Anouilh reste lié à l'histoire du théâtre de l'Atelier dirigé par Barsacq.

A partir de 1942, Anouilh commence à classer son théâtre en pièces noires – au contenu sérieux et mélancolique – *(L'Hermine, La Sauvage, Le Voyageur sans bagage)* et pièces roses – écrites sur un ton badin et léger – *(Le Bal des Voleurs, Le Rendez-vous de Senlis, Léocadia);* en 1946 paraissent les nouvelles pièces noires *(Jézabel, Antigone, Roméo et Jeannette);* en 1951 les pièces brillantes *(L'Invitation au Château, Colombe, La Répétition ou l'Amour puni, Cécile ou l'Ecole des pères);* en 1953 *l'Alouette,* pièce costumée et paraphrase très personnelle de Jeanne d'Arc (Klettbuch 59725); en 1956 les pièces grinçantes, où l'auteur se montre ironique, sarcastique, cynique *(Ardèle ou la Marguerite, La Valse des Toréadors, Ornifle ou le Courant d'air, Pauvre Bitos ou le Dîner des Têtes);* en 1960 les pièces costumées *(Becket ou l'Honneur de Dieu, La Foire d'empoigne).* Toutefois, certaines pièces comme p. ex. *L'Hurluberlu* (1959) et *La Grotte* (1961) ne font pas partie de ces séries. Même si les pièces plus récentes (*Le Directeur de l'Opéra* 1972; *Le Scénario* 1976; *Chers Zoiseaux* 1977; *La Culotte* 1978; *La Belle Vie* 1980; *Episode de la vie d'un auteur* 1980) n'atteignent peut-être plus l'originalité et la verve jaillissante des pièces «classiques», Anouilh garde son rythme de production. Mais les succès éclatants s'espacent. En 1982, cependant, dans *Le Nombril,* l'on retrouve toute la verve de l'auteur, portée au plus haut par Bernard Blier, qui arrive à remplir le théâtre de l'Atelier pendant plus d'un an.

Le 3 octobre, 1987, Jean Anouilh meurt d'une crise cardiaque.

Personnages

ANTIGONE
CRÉON
LE CHŒUR
LE GARDE
HÉMON
ISMÈNE
LA NOURRICE
LE MESSAGER
LES GARDES

Antigone de *Jean Anouilh* a été présentée pour la première fois à Paris le 4 février 1944 au théâtre de l'Atelier, dans une mise en scène d'*André Barsacq,* avec la distribution suivante: *Monelle Valentin, Jean Davy, Auguste Boverio, Beauchamp, André le Gall, Suzanne Flon, Odette Talazac, Rambauville, Matos* et *Sylver*.

Beginn

Un décor neutre. Trois portes semblables. Au lever du rideau, tous les personnages sont en scène. Ils bavardent, tricotent, jouent aux cartes.
Le Prologue se détache et s'avance.

LE PROLOGUE Voilà. Ces personnages vont vous jouer l'histoire d'Antigone. Antigone, c'est la petite maigre qui est assise là-bas, et qui ne dit rien. Elle regarde droit devant elle. Elle pense. Elle pense qu'elle va être Antigone tout à l'heure, qu'elle va surgir soudain de la maigre jeune fille noiraude et renfermée que personne ne prenait au sérieux dans la famille et se dresser seule en face du monde, seule en face de Créon, son oncle, qui est le roi. Elle pense qu'elle va mourir, qu'elle est jeune et qu'elle aussi, elle aurait bien aimé vivre. Mais il n'y a rien à faire. Elle s'appelle Antigone et il va falloir qu'elle joue son rôle jusqu'au bout ... Et, depuis que ce rideau s'est levé, elle sent qu'elle s'éloigne à une vitesse vertigineuse de sa sœur Ismène, qui bavarde et rit avec un jeune homme, de nous tous, qui sommes là bien tranquilles à la regarder, de nous qui n'avons pas à mourir ce soir.

Le jeune homme avec qui parle la blonde, la belle, l'heureuse Ismène, c'est Hémon, le fils de Créon. Il est le fiancé d'Antigone. Tout le portait vers Ismène: son goût de la danse et des jeux, son goût du bonheur et de la réussite, sa sensualité aussi, car Ismène est bien plus belle qu'Antigone, et puis un soir, un soir de bal où il n'avait dansé qu'avec Ismène, un soir où Ismène avait été éblouissante dans sa nouvelle robe, il a été

Diese Personen werden Ihnen gleich die und jene Figuren vorstellen...

1	neutre	*ici:* sans caractéristiques particulières, sans rapport avec l'Antiquité grecque
2	**tricoter**	stricken
3	le Prologue	sorte de présentateur qui expose le sujet de la pièce et détruit dès l'abord l'illusion d'une tragédie antique chez le spectateur
	se détacher	*ici:* avancer vers la rampe
7	surgir de	s'élever au-dessus de, aller au-delà de
8	noiraud,e	de type brun
	renfermé,e	réservée, qui ne montre pas ses sentiments
9	se dresser (contre qn)	s'opposer à qn
	Créon	*selon le mythe grec:* frère de Jocaste, qui devint tyran de Thèbes après l'exil d'Œdipe
13	vertigineux, se	qui fait tourner la tête, qui donne le vertige *(Schwindel)*
18	**le fiancé**	celui qui s'est engagé par une promesse de mariage
	porter qn vers qn	le pousser vers qn *(zu jm hinziehen)*
20	**la réussite**	succès
	la sensualité	caractère d'une personne sensuelle *(sinnlich)*
22	éblouissant,e	*ici:* très belle, splendide

trouver Antigone qui rêvait dans un coin, comme en ce moment, ses bras entourant ses genoux, et il lui a demandé d'être sa femme. Personne n'a jamais compris pourquoi. Antigone a levé sans étonnement ses yeux graves sur lui et elle lui a dit «oui» avec un petit sourire triste ... L'orchestre attaquait une nouvelle danse, Ismène riait aux éclats, là-bas, au milieu des autres garçons, et voilà, maintenant, lui, il allait être le mari d'Antigone. Il ne savait pas qu'il ne devait jamais exister de mari d'Antigone sur cette terre et que ce titre princier lui donnait seulement le droit de mourir.

Cet homme robuste, aux cheveux blancs, qui médite là, près de son page, c'est Créon. C'est le roi. Il a des rides, il est fatigué. Il joue au jeu difficile de conduire les hommes. Avant, du temps d'Œdipe, quand il n'était que le premier personnage de la cour, il aimait la musique, les belles reliures, les longues flâneries chez les petits antiquaires de Thèbes. Mais Œdipe et ses fils sont morts. Il a laissé ses livres, ses objets, il a retroussé ses manches et il a pris leur place.

Quelquefois, le soir, il est fatigué, et il se demande s'il n'est pas vain de conduire les hommes. Si cela n'est pas un office sordide qu'on doit laisser à d'autres, plus frustes ... Et puis, au matin, des problèmes précis se posent, qu'il faut résoudre, et il se lève, tranquille, comme un ouvrier au seuil de sa journée.

La vieille dame qui tricote, à côté de la nourrice qui a élevé les deux petites, c'est Eurydice, la femme de Créon. Elle tricotera pendant toute la tragédie jusqu'à ce que son tour vienne de se lever et de mourir. Elle

1	il a été trouver ...	il est allé trouver
3	**l'étonnement** *m*	surprise
5	**rire aux éclats** *m pl*	rire très fort *(schallend)*
8	princier, ière	qui a rapport à un prince *(Fürst)*
	le page	Edelknabe
11	**la ride**	pli de la peau *(Runzel)*
12	Œdipe	*voir page 61*
13	la reliure	couverture d'un livre relié *(gebunden)*
14	**la flânerie**	promenade sans but
	l'antiquaire *m*	marchand qui vend des objets anciens
15	retrousser les manches	*ici, au figuré:* se mettre au travail *(die Ärmel hochkrempeln)*
17	**vain,e**	inutile, absurde
18	l'office, *m*	*ici:* le travail
18	sordide	sale
19	fruste	grossier
21	au seuil	au début
22	**la nourrice**	Amme

est bonne, digne, aimante. Elle ne lui est d'aucun secours. Créon est seul. Seul avec son petit page qui est trop petit et qui ne peut rien non plus pour lui.

Ce garçon pâle, là-bas, au fond, qui rêve adossé au mur, solitaire, c'est le Messager. C'est lui qui viendra annoncer la mort d'Hémon tout à l'heure. C'est pour cela qu'il n'a pas envie de bavarder ni de se mêler aux autres. Il sait déjà …

Enfin les trois hommes rougeauds qui jouent aux cartes, leur chapeau sur la nuque, ce sont les gardes. Ce ne sont pas de mauvais bougres, ils ont des femmes, des enfants, et des petits ennuis comme tout le monde, mais ils vous empoigneront les accusés le plus tranquillement du monde tout à l'heure. Ils sentent l'ail, le cuir et le vin rouge et ils sont dépourvus de toute imagination. Ce sont les auxiliaires toujours innocents et toujours satisfaits d'eux-mêmes, de la justice. Pour le moment, jusqu'à ce qu'un nouveau chef de Thèbes dûment mandaté leur ordonne de l'arrêter à son tour, ce sont les auxiliaires de la justice de Créon.

Et maintenant que vous les connaissez tous, ils vont pouvoir vous jouer leur histoire. Elle commence au moment où les deux fils d'Œdipe, Etéocle et Polynice, qui devaient régner sur Thèbes un an chacun à tour de rôle, se sont battus et entre-tués sous les murs de la ville, Etéocle l'aîné,

1	**digne**	würdevoll
4	**pâle**	blanc, très peu coloré
	solitaire	qui est seul
5	le Messager	celui dont la tâche consiste à apporter un message *(Botschaft)*
6	se mêler aux autres	chercher la compagnie des autres
8	rougeaud,e	trop rouge, probablement à cause de trop de vin rouge
9	**la nuque**	Nacken
	le bougre *fam*	individu, type
10	**l'ennui** *m*	incident qui dérange, souci
11	empoigner qn	prendre et serrer avec la main
	ils *vous* empoigneront …	(il s'agit d'une tournure familière qui est intraduisible ici)
12	**l'ail** [aj] *m*	Knoblauch
	le cuir	Leder
	être dépourvu,e de qc	ne pas avoir
13	l'auxiliaire *m*	*ici, légèrement péjoratif:* personne qui apporte son aide *(Helfershelfer)*
15	dûment mandaté,e	qui a droit au trône
19	**à tour de rôle**	alternativement
20	**s'entre-tuer**	se tuer l'un l'autre

au terme de la première année de pouvoir ayant refusé de céder la place à son frère. Sept grands princes étrangers que Polynice avait gagnés à sa cause ont été défaits devant les sept portes de Thèbes. Maintenant la ville est sauvée, les deux frères ennemis sont morts et Créon, le roi, a ordonné qu'à Etéocle, le bon frère, il serait fait d'imposantes funérailles, mais que Polynice, le vaurien, le révolté, le voyou, serait laissé sans pleurs et sans sépulture, la proie des corbeaux et des chacals. Quiconque osera lui rendre les devoirs funèbres sera impitoyablement puni de mort.

Pendant que le Prologue parlait les personnages sont sortis un à un. Le Prologue disparaît aussi.
L'éclairage s'est modifié sur la scène. C'est maintenant une aube grise et livide dans une maison qui dort.
Antigone entr'ouvre la porte et rentre de l'extérieur sur la pointe de ses pieds nus, ses souliers à la main. Elle reste un instant immobile à écouter. La nourrice surgit.

LA NOURRICE D'où viens-tu?

ANTIGONE De me promener, nourrice. C'était beau. Tout était gris. Maintenant, tu ne peux pas savoir, tout est déjà rose, jaune, vert. C'est devenu une carte postale. Il faut te lever plus tôt, nourrice, si tu veux voir un monde sans couleurs.

Elle va passer.

LA NOURRICE Je me lève quand il fait encore noir, je vais à ta chambre

1	au terme de	à la fin de
	céder qc à qn	laisser, donner *(abtreten)*
2	sept grands princes …	Parthenopäos, Amphiaraos, Hippomedon, Tydeus, Kapaneus, Adrastos, Polyneikes selbst
5	**les funérailles** *f pl*	cérémonies lors de l'enterrement
6	le vaurien	celui qui ne vaut rien *(Taugenichts)*
	le voyou [vwaju]	mauvais sujet *(Strolch)*
	sans pleurs *m pl litt*	sans plaintes
7	la sépulture	lieu où est déposé le corps d'un mort *(Grabmal)*
	la proie	Beute
	le corbeau (-x)	Rabe
8	funèbre	qui a rapport à l'enterrement, aux funérailles
	impitoyable	sans pitié *(Mitleid)*
11	**se modifier**	changer
	l'aube *f*	première lueur du soleil levant
12	livide	terne, pâle
13	**entrouvrir**	ouvrir un peu
14	**immobile**	sans bouger

pour voir si tu ne t'es pas découverte en dormant et je ne te trouve plus dans ton lit!

ANTIGONE Le jardin dormait encore. Je l'ai surpris, nourrice. Je l'ai vu sans qu'il s'en doute. C'est beau un jardin qui ne pense pas encore aux hommes.

LA NOURRICE Tu es sortie. J'ai été à la porte du fond, tu l'avais laissée entrebâillée.

ANTIGONE Dans les champs c'était tout mouillé et cela attendait. Tout attendait. Je faisais un bruit énorme toute seule sur la route et j'étais gênée parce que je savais bien que ce n'était pas moi qu'on attendait. Alors j'ai enlevé mes sandales et je me suis glissée dans la campagne sans qu'elle s'en aperçoive ...

LA NOURRICE Il va falloir te laver les pieds avant de te remettre au lit.

ANTIGONE Je ne me recoucherai pas ce matin.

LA NOURRICE A quatre heures! Il n'était pas quatre heures! Je me lève pour voir si elle n'était pas découverte. Je trouve son lit froid et personne dedans.

ANTIGONE Tu crois que si on se levait comme cela tous le matins, ce serait tous les matins, aussi beau, nourrice, d'être la première fille dehors?

LA NOURRICE La nuit! C'était la nuit! Et tu veux me faire croire que tu as été te promener, menteuse! D'où viens-tu?

ANTIGONE *a un étrange sourire* C'est vrai, c'était encore la nuit. Et il n'y avait que moi dans toute la campagne à penser que c'était le matin. C'est merveilleux, nourrice. J'ai cru au jour la première aujourd'hui.

LA NOURRICE Fais la folle! Fais la folle! Je la connais, la chanson. J'ai été fille avant toi. Et pas commode non plus, mais dure tête comme toi, non. D'où viens-tu, mauvaise?

ANTIGONE *soudain grave* Non. Pas mauvaise.

LA NOURRICE Tu avais un rendez-vous, hein? Dis non, peut-être.

ANTIGONE *doucement* Oui. J'avais un rendez-vous.

LA NOURRICE Tu as un amoureux?

1	se découvrir	rejeter ses couvertures en dormant
4	**se douter de qc**	pressentir *(ahnen)*
7	entrebaîllé,e	un peu ouvert
8	**mouillé,e** [muje]	*ici:* humide
11	se glisser	*ici:* aller doucement et sans faire de bruit
25	faire le fou, la folle *pop*	den Narren spielen
26	**commode**	sage, facile à élever
	être dure tête *fam*	avoir la tête dure *(dickköpfig)*

ANTIGONE *étrangement, après un silence* Oui, nourrice, oui, le pauvre. J'ai un amoureux.

LA NOURRICE *éclate* Ah! c'est du joli! c'est du propre! Toi, la fille d'un roi! Donnez-vous du mal; donnez vous du mal pour les élever! Elles sont toutes les mêmes. Tu n'étais pourtant pas comme les autres, toi, à t'attifer toujours devant la glace, à te mettre du rouge aux lèvres, à chercher à ce qu'on te remarque. Combien de fois je me suis dit: «Mon Dieu, cette petite, elle n'est pas assez coquette! Toujours avec la même robe et mal peignée. Les garçons ne verront qu'Ismène avec ses bouclettes et ses rubans et ils me la laisseront sur les bras.» Hé bien, tu vois, tu étais comme ta sœur, et pire encore, hypocrite! Qui est-ce? Un voyou, hein, peut-être? Un garçon que tu ne peux pas dire à ta famille: «Voilà, c'est lui que j'aime, je veux l'épouser.» C'est ça, hein, c'est ça? Réponds donc, fanfaronne!

ANTIGONE *a encore un sourire imperceptible* Oui, nourrice.

LA NOURRICE Et elle dit oui! Miséricorde! Je l'ai eue toute gamine; j'ai promis à sa pauvre mère que j'en ferais une honnête fille, et voilà! Mais ça ne va pas se passer comme ça, ma petite. Je ne suis que la nourrice, et tu me traites comme une vieille bête, bon! mais ton oncle, ton oncle Créon saura. Je te le promets!

ANTIGONE *soudain un peu lasse* Oui, nourrice, mon oncle Créon saura. Laisse-moi maintenant.

LA NOURRICE Et tu verras ce qu'il dira quand il apprendra que tu te lèves la nuit. Et Hémon? Et ton fiancé? Car elle est fiancée! Elle est fiancée et à quatre heures du matin elle quitte son lit pour aller courir avec un autre. Et ça vous répond qu'on la laisse, ça voudrait qu'on ne dise rien. Tu sais ce que je devrais faire? Te battre comme lorsque tu étais petite.

4	**se donner du mal**	se donner de la peine
5	s'attifer *fam*	s'habiller de manière bizarre *(s. herausputzen)*
	la bouclette	petite boucle *(Löckchen)*
10	**le ruban**	Band
11	**un(e) hypocrite**	Heuchler
12	que *ici fam*	dont (tournure correcte)
14	le, la fanfaron, ne	celui, celle qui se vante trop
15	imperceptible	qu'on ne voit presque pas
16	Miséricorde	*interjection:* Erbarmen! Gütiger Himmel!
	le gamin, la gamine *fam*	petit garçon, petite fille
17	**honnête**	respectable
21	**las, se** [la]	fatigué
26	ça *fam*	elle

ANTIGONE Nounou, tu ne devrais pas trop crier. Tu ne devrais pas être trop méchante ce matin.

LA NOURRICE Pas crier! Je ne dois pas crier par-dessus le marché! Moi qui avais promis à ta mère ... Qu'est-ce qu'elle me dirait si elle était là? «Vieille bête, oui, vieille bête, qui n'as pas su me la garder pure, ma petite. Toujours à crier, à faire le chien de garde, à leur tourner autour avec des lainages pour qu'elles ne prennent pas froid ou des laits de poule pour les rendre fortes; mais à quatre heures du matin tu dors, vieille bête, tu dors, toi qui ne peux pas fermer l'œil, et tu les laisses filer, marmotte, et quand tu arrives le lit est froid!» Voilà ce qu'elle me dira ta mère, là-haut quand j'y monterai, et moi j'aurai honte, honte à en mourir si je n'étais pas déjà morte, et je ne pourrai que baisser la tête et répondre: «Madame Jocaste, c'est vrai.»

ANTIGONE Non, nourrice. Ne pleure plus. Tu pourras regarder maman bien en face, quand tu iras la retrouver. Et elle te dira: «Bonjour, nounou, merci pour la petite Antigone. Tu as bien pris soin d'elle.» Elle sait pourquoi je suis sortie ce matin.

LA NOURRICE Tu n'as pas d'amoureux?

ANTIGONE Non, nounou.

LA NOURRICE Tu te moques de moi, alors? Tu vois, je suis trop vieille. Tu étais ma préférée, malgré ton sale caractère. Ta sœur était plus douce, mais je croyais que c'était toi qui m'aimais. Si tu m'aimais tu m'aurais dit la vérité. Pourquoi ton lit était-il froid quand je suis venue te border?

ANTIGONE Ne pleure plus, s'il te plaît, nounou. *Elle l'embrasse.* Allons, ma vieille bonne pomme rouge. Tu sais quand je te frottais pour que tu brilles? Ma vieille pomme toute ridée. Ne laisse pas couler tes larmes dans toutes les petites rigoles, pour des bêtises comme cela – pour rien. Je suis pure, je n'ai pas d'autre amoureux qu'Hémon, mon fiancé, je te le jure. Je peux même te jurer, si tu veux, que je n'aurai jamais d'autre

1	Nounou	*langage enfantin:* nourrice
3	**par-dessus le marché** *fam*	en plus
6	faire le chien de garde *fam*	faire très attention
7	les lainages	vêtements de laine
	le lait de poule	Eigelb in heißer Milch und Zucker
9	filer *fam*	partir
	la marmotte	Murmeltier
21	sale	*ici:* mauvais
23	border (un lit)	remettre les draps et la couverture
27	la rigole	ride profonde

amoureux ... Garde tes larmes, garde tes larmes; tu en auras peut-être besoin encore, nounou. Quand tu pleures comme cela, je redeviens petite ... Et il ne faut pas que je sois petite ce matin.

Entre Ismène.

ISMÈNE Tu es déjà levée? Je viens de ta chambre.

ANTIGONE Oui, je suis déjà levée.

LA NOURRICE Toutes les deux alors! ... Toutes les deux vous allez devenir folles et vous lever avant les servantes? Vous croyez que c'est bon d'être debout le matin à jeun, que c'est convenable pour des princesses? Vous n'êtes seulement pas couvertes. Vous allez voir que vous allez encore me prendre mal.

ANTIGONE Laisse-nous, nourrice. Il ne fait pas froid, je t'assure; c'est déjà l'été. Va nous faire du café. *Elle s'est assise, soudain fatiguée.* Je voudrais bien un peu de café, s'il te plaît, nounou. Cela me ferait du bien.

LA NOURRICE Ma colombe! La tête lui tourne d'être sans rien et je suis là comme une idiote au lieu de lui donner quelque chose de chaud.

Elle sort vite.

ISMÈNE Tu es malade?

ANTIGONE Ce n'est rien. Un peu de fatigue. *Elle sourit* C'est parce que je me suis levée tôt.

ISMÈNE Moi non plus je n'ai pas dormi.

ANTIGONE *sourit encore* Il faut que tu dormes. Tu serais moins belle demain.

ISMÈNE Ne te moque pas.

ANTIGONE Je ne me moque pas. Cela me rassure ce matin, que tu sois belle. Quand j'étais petite, j'étais si malheureuse, tu te souviens? Je te barbouillais de terre, je te mettais des vers dans le cou. Une fois je t'ai attachée à un arbre et je t'ai coupé tes cheveux, tes beaux cheveux ... *Elle caresse les cheveux d'Ismène.* Comme cela doit être facile de ne pas penser de bêtises avec toutes ces belles mèches lisses et bien ordonnées autour de la tête!

9	**à jeun** [aʒœ̃]	sans avoir mangé ni bu
	convenable	qui convient, qui est approprié *(schicklich)*
15	la colombe	petit pigeon
27	barbouiller qn de qc	salir, tacher
	le ver	Wurm
29	**caresser**	toucher de la main en signe de tendresse
30	la mèche	boucle
	lisse	glatt

ISMÈNE *soudain* Pourquoi parles-tu d'autre chose?

ANTIGONE *doucement, sans cesser de lui caresser les cheveux* Je ne parle pas d'autre chose ...

ISMÈNE Tu sais, j'ai bien pensé, Antigone.

ANTIGONE Oui.

ISMÈNE J'ai bien pensé toute la nuit. Tu es folle.

ANTIGONE Oui.

ISMÈNE Nous ne pouvons pas.

ANTIGONE *après un silence, de sa petite voix* Pourquoi?

ISMÈNE Il nous ferait mourir.

ANTIGONE Bien sûr. A chacun son rôle. Lui, il doit nous faire mourir, et nous, nous devons aller enterrer notre frère. C'est comme cela que ç'a été distribué. Qu'est-ce que tu veux que nous y fassions?

ISMÈNE Je ne veux pas mourir.

ANTIGONE *doucement* Moi aussi j'aurais bien voulu ne pas mourir.

ISMÈNE Ecoute, j'ai bien réfléchi toute la nuit. Je suis l'aînée. Je réfléchis plus que toi. Toi, c'est ce qui te passe par la tête tout de suite, et tant pis si c'est une bêtise. Moi, je suis plus pondérée. Je réfléchis.

ANTIGONE Il y a des fois où il ne faut pas trop réfléchir.

ISMÈNE Si, Antigone. D'abord c'est horrible, bien sûr, et j'ai pitié moi aussi de mon frère, mais je comprends un peu notre oncle.

ANTIGONE Moi je ne veux pas comprendre un peu.

ISMÈNE Il est le roi, il faut qu'il donne l'exemple.

ANTIGONE Moi, je ne suis pas le roi. Il ne faut pas que je donne l'exemple, moi ... Ce qui lui passe par la tête, la petite Antigone, la sale bête, l'entêtée, la mauvaise, et puis on la met dans un coin ou dans un trou. Et c'est bien fait pour elle. Elle n'avait qu'à ne pas désobéir!

ISMÈNE Allez! Allez! ... Tes sourcils joints, ton regard droit devant toi et te voilà lancée sans écouter personne. Ecoute-moi. J'ai raison plus souvent que toi.

ANTIGONE Je ne veux pas avoir raison.

ISMÈNE Essaie de comprendre au moins!

13	**distribuer**	répartir
18	pondéré,e	réfléchi
25	la sale bête *péj*	Biest
26	**entêté,e**	têtu, obstiné *(stur)*
27	c'est bien fait pour elle	elle le mérite
28	**les sourcils** *m pl*	Augenbrauen
	joindre les sourcils	Stirnfalten machen
29	te voilà lancée ...	te voilà partie *(dann gibt es für dich kein Halten mehr)*

ANTIGONE Comprendre ... Vous n'avez que ce mot-là dans la bouche, tous, depuis que je suis toute petite. Il fallait comprendre qu'on ne peut pas toucher à l'eau, à la belle eau fuyante et froide parce que cela mouille les dalles, à la terre parce que cela tache les robes. Il fallait comprendre qu'on ne doit pas manger tout à la fois, donner tout ce qu'on a dans ses poches au mendiant qu'on rencontre, courir, courir dans le vent jusqu'à ce qu'on tombe par terre et boire quand on a chaud et se baigner quand il est trop tôt ou trop tard, mais pas juste quand on en a envie! Comprendre. Toujours comprendre. Moi, je ne veux pas comprendre. Je comprendrai quand je serai vieille. *Elle achève doucement.* Si je deviens vieille. Pas maintenant.

ISMÈNE Il est plus fort que nous, Antigone. Il est le roi. Et ils pensent tous comme lui dans la ville. Ils sont des milliers et des milliers autour de nous, grouillant dans toutes les rues de Thèbes.

ANTIGONE Je ne t'écoute pas.

ISMÈNE Ils nous hueront. Ils nous prendront avec leurs mille bras, leurs mille visages et leur unique regard. Ils nous cracheront à la figure. Et il faudra avancer dans leur haine sur la charrette avec leur odeur et leurs rires jusqu'au supplice. Et là il y aura les gardes avec leurs têtes d'imbéciles, congestionnées sur leurs cols raides, leurs grosses mains lavées, leur regard de bœuf – qu'on sent qu'on pourra toujours crier, essayer de leur faire comprendre, qu'ils vont comme des nègres et qu'ils feront tout ce qu'on leur a dit scrupuleusement, sans savoir si c'est bien ou mal ... Et souffrir? Il faudra souffrir, sentir que la douleur monte, qu'elle est arrivée au point où l'on ne peut plus la supporter; qu'il faudrait qu'elle

3	fuyant,e	*ici:* qui coule rapidement
4	la dalle	grand carreau *(Steinfliese)*
	tacher	faire des taches *f pl (Flecken)*
6	**le mendiant**	celui qui gagne sa vie en demandant de l'argent à autrui *(Bettler)*
10	**achever**	*ici:* terminer une phrase, une pensée
14	grouiller [gruje]	wimmeln
16	huer qn	pousser des cris hostiles
17	**la figure**	visage
18	la charrette	*ici:* Henkerkarren
19	**le supplice**	exécution, peine de mort
	un,e imbécile	idiot, idiote
20	congestionné,e	au visage rouge
	le col raide	steifer Kragen
22	... comme des nègres	*ici, péj:* comme des esclaves, tels les nègres des galères
23	**scrupuleux, se**	minutieux, très exact

s'arrête, mais qu'elle continue pourtant et monte encore, comme une voix aiguë ... Oh! je ne peux pas, je ne peux pas ...

ANTIGONE Comme tu as bien tout pensé!

ISMÈNE Toute la nuit. Pas toi?

ANTIGONE Si, bien sûr.

ISMÈNE Moi, tu sais, je ne suis pas très courageuse.

ANTIGONE *doucement* Moi non plus. Mais qu'est-ce que cela fait?

Il y a un silence, Ismène demande soudain:

ISMÈNE Tu n'as donc pas envie de vivre, toi?

ANTIGONE *murmure* Pas envie de vivre ... *et plus doucement encore si c'est possible* Qui se levait la première, le matin, rien que pour sentir l'air froid sur sa peau nue? Qui se couchait la dernière seulement quand elle n'en pouvait plus de fatigue, pour vivre encore un peu de la nuit? Qui pleurait déjà toute petite, en pensant qu'il y avait tant de petites bêtes, tant de brins d'herbe dans le pré et qu'on ne pouvait pas tous les prendre?

ISMÈNE *a un élan soudain vers elle* Ma petite sœur ...

ANTIGONE *se redresse et crie* Ah, non? Laisse-moi! Ne me caresse pas! Ne nous mettons pas à pleurnicher ensemble, maintenant. Tu as bien réfléchi, tu dis? Tu penses que toute la ville hurlante contre toi, tu penses que la douleur et la peur de mourir c'est assez?

ISMÈNE *baisse la tête* Oui.

ANTIGONE Sers-toi de ces prétextes.

ISMÈNE *se jette contre elle* Antigone! Je t'en supplie! C'est bon pour les hommes de croire aux idées et de mourir pour elles. Toi tu es une fille.

ANTIGONE *les dents serrées* Une fille, oui. Ai-je assez pleuré d'être une fille!

ISMÈNE Ton bonheur est là devant toi et tu n'as qu'à le prendre. Tu es fiancée, tu es jeune, tu es belle ...

ANTIGONE *sourdement* Non, je ne suis pas belle.

2	**aigu, aiguë** [egy]	schrill
11	rien que pour ...	uniquement pour ...
15	le brin d'herbe	Grashalm
16	avoir un élan vers qn	s'élancer, se précipiter
18	pleurnicher *pej*	flennen
19	hurler	huer
22	**le prétexte**	raison donnée pour cacher le véritable motif d'une action *(Vorwand)*
23	**supplier qn**	le prier avec insistance *(anflehen)*
29	sourdement *adv*	dumpf

ISMÈNE Pas belle comme nous, mais autrement. Tu sais bien que c'est sur toi que se retournent les petits voyous dans la rue; que c'est toi que les petites filles regardent passer, soudain muettes sans pouvoir te quitter des yeux jusqu'à ce que tu aies tourné le coin.

ANTIGONE *a un petit sourire imperceptible* Des voyous, des petites filles ...

ISMÈNE *après un temps* Et Hémon, Antigone?

ANTIGONE *fermée* Je parlerai tout à l'heure à Hémon: Hémon sera tout à l'heure une affaire réglée.

ISMÈNE Tu es folle.

ANTIGONE *sourit* Tu m'as toujours dit que j'étais folle, pour tout, depuis toujours. Va te recoucher, Ismène ... Il fait jour maintenant, tu vois, et, de toute façon, je ne pourrais rien faire. Mon frère mort est maintenant entouré d'une garde exactement comme s'il avait réussi à se faire roi. Va te recoucher. Tu es toute pâle de fatigue.

ISMÈNE Et toi?

ANTIGONE Je n'ai pas envie de dormir ... Mais je te promets que je ne bougerai pas d'ici avant ton réveil. Nourrice va m'apporter à manger. Va dormir encore. Le soleil se lève seulement. Tu as les yeux tout petits de sommeil. Va ...

ISMÈNE Je te convaincrai, n'est-ce pas? Je te convaincrai? Tu me laisseras te parler encore?

ANTIGONE *un peu lasse* Je te laisserai me parler, oui. Je vous laisserai tous me parler. Va dormir maintenant, je t'en prie. Tu serais moins belle demain. *Elle la regarde sortir avec un petit sourire triste, puis elle tombe soudain lasse sur une chaise.* Pauvre Ismène ! ...

LA NOURRICE *entre* Tiens, te voilà un bon café et des tartines, mon pigeon. Mange.

ANTIGONE Je n'ai pas très faim, nourrice.

LA NOURRICE Je te les ai grillées moi-même et beurrées comme tu les aimes.

ANTIGONE Tu es gentille, nounou. Je vais seulement boire un peu.

LA NOURRICE Où as-tu mal?

3	**muet, te**	*ici:* qui a cessé de parler
5	imperceptible	qu'on ne remarque presque pas
7	le temps	*ici:* pause
18	ne pas bouger d'ici	ne pas s'éloigner
21	**convaincre**	amener à reconnaître une vérité
27	**la tartine**	pain avec du beurre
	mon pigeon	ma colombe

ANTIGONE Nulle part, nounou. Mais fais-moi tout de même bien chaud comme lorsque j'étais malade ... Nounou plus forte que la fièvre, nounou plus forte que le cauchemar, plus forte que l'ombre de l'armoire qui ricane et se transforme d'heure en heure sur le mur, plus forte que les mille insectes du silence qui rongent quelque chose, quelque part dans la nuit, plus forte que la nuit elle-même avec son hululement de folle qu'on n'entend pas; nounou plus forte que la mort. Donne-moi ta main comme lorsque tu restais à côté de mon lit.

LA NOURRICE Qu'est-ce que tu as, ma petite colombe?

ANTIGONE Rien, nounou. Je suis seulement encore un peu petite pour tout cela. Mais il n'y a que toi qui dois le savoir.

LA NOURRICE Trop petite pourquoi, ma mésange?

ANTIGONE Pour rien, nounou. Et puis, tu es là. Je tiens ta bonne main rugueuse qui sauve de tout, toujours, je le sais bien. Peut-être qu'elle va me sauver encore. Tu es si puissante, nounou.

LA NOURRICE Qu'est-ce que tu veux que je fasse pour toi, ma tourterelle?

ANTIGONE Rien, nounou. Seulement ta main comme cela sur ma joue *Elle reste un moment les yeux fermés.* Voilà, je n'ai plus peur. Ni du méchant ogre, ni du marchand de sable, ni de Taoutaou qui passe et emmène les enfants ... *Un silence encore, elle continue d'un autre ton.* Nounou, tu sais, Douce, ma chienne ...

LA NOURRICE Oui.

ANTIGONE Tu vas me promettre que tu ne la gronderas plus jamais.

LA NOURRICE Une bête qui salit tout avec ses pattes! Ça ne devrait pas entrer dans les maisons!

ANTIGONE Même si elle salit tout. Promets, nourrice.

LA NOURRICE Alors il faudra que je la laisse tout abîmer sans rien dire?

ANTIGONE Oui, nounou.

3	**le cauchemar**	mauvais rêve
4	ricaner	rire méchamment
5	**ronger**	manger, attaquer, détruire
6	le hululement	cri des oiseaux de nuit
12	la mésange	*affectueux:* Meise
14	rugueux,se	qui est couvert de callosités *(Schwielen)*
16	ma tourterelle	Turteltäubchen
19	l'ogre *m*	*dans les contes de fées:* celui qui poursuit et mange les petits enfants
	Taoutaou	schwarzer Mann
21	Douce	nom du chien d'Antigone
23	**gronder qn**	ausschimpfen
27	abîmer	salir, casser

LA NOURRICE Ah! ça serait un peu fort!

ANTIGONE S'il te plaît, nounou. Tu l'aimes bien, Douce, avec sa bonne grosse tête. Et puis, au fond, tu aimes bien frotter aussi. Tu serais très malheureuse si tout restait propre toujours. Alors je te le demande: ne la gronde pas.

LA NOURRICE Et si elle pisse sur mes tapis?

ANTIGONE Promets que tu ne la gronderas tout de même pas. Je t'en prie, dis, je t'en prie, nounou …

LA NOURRICE Tu profites de ce que tu câlines … C'est bon. C'est bon. On essuiera sans rien dire. Tu me fais tourner en bourrique.

ANTIGONE Et puis, promets-moi aussi que tu lui parleras, que tu lui parleras souvent.

LA NOURRICE *hausse les épaules* A-t-on vu ça? Parler aux bêtes!

ANTIGONE Et justement pas comme à une bête. Comme à une vraie personne, comme tu m'entends faire …

LA NOURRICE Ah, ça non! A mon âge, faire l'idiote! Mais pourquoi veux-tu que toute la maison lui parle comme toi, à cette bête?

ANTIGONE *doucement* Si moi, pour une raison ou pour une autre, je ne pouvais plus lui parler …

LA NOURRICE *qui ne comprend pas* Plus lui parler, plus lui parler? Pourquoi?

ANTIGONE *détourne un peu la tête et puis elle ajoute, la voix dure* Et puis, si elle était trop triste, si elle avait trop l'air d'attendre tout de même, – le nez sous la porte comme lorsque je suis sortie, – il vaudrait peut-être mieux la faire tuer, nounou, sans qu'elle ait mal.

LA NOURRICE La faire tuer, ma mignonne? Faire tuer ta chienne? Mais tu es folle ce matin!

ANTIGONE Non, nounou *Hémon paraît* Voilà Hémon. Laisse-nous, nourrice. Et n'oublie pas ce que tu m'as juré.

La nourrice sort.

3	**frotter**	*ici:* essuyer
6	**le tapis**	Teppich
9	câliner	se montrer affectueux
10	la bourrique	Eselin
	tu me fais tourner en bourrique	tu me rends folle, stupide (comme une bourrique)
16	**faire l'idiot**	se comporter comme un imbécile
26	ma mignonne	ma chérie

ANTIGONE *court à Hémon* Pardon, Hémon, pour notre dispute d'hier soir et pour tout. C'est moi qui avais tort. Je te prie de me pardonner.

HÉMON Tu sais bien que je t'avais pardonné, à peine avais-tu claqué la porte. Ton parfum était encore là et je t'avais déjà pardonné *Il la tient dans ses bras, il sourit, il la regarde.* A qui l'avais-tu volé, ce parfum?

ANTIGONE A Ismène.

HÉMON Et le rouge à lèvres, la poudre, la belle robe?

ANTIGONE Aussi.

HÉMON En quel honneur t'étais-tu faite si belle?

ANTIGONE Je te le dirai *Elle se serre contre lui un peu plus fort.* Oh! mon chéri, comme j'ai été bête! Tout un soir gaspillé. Un beau soir.

HÉMON Nous aurons d'autres soirs, Antigone.

ANTIGONE Peut-être pas.

HÉMON Et d'autres disputes aussi. C'est plein de disputes un bonheur.

ANTIGONE Un bonheur, oui ... Ecoute, Hémon.

HÉMON Oui.

ANTIGONE Ne ris pas ce matin. Sois grave.

HÉMON Je suis grave.

ANTIGONE Et serre-moi. Plus fort que tu ne m'as jamais serrée. Que toute ta force s'imprime dans moi.

HÉMON Là. De toute ma force.

ANTIGONE *dans un souffle* C'est bon. *Ils restent un instant sans rien dire, puis elle commence doucement* Ecoute, Hémon.

HÉMON Oui.

ANTIGONE Je voulais te dire ce matin ... Le petit garçon que nous aurions eu tous les deux ...

HÉMON Oui.

ANTIGONE Tu sais, je l'aurais bien défendu contre tout.

HÉMON Oui, Antigone.

ANTIGONE Oh! je l'aurais serré si fort qu'il n'aurait jamais eu peur, je te le jure. Ni du soir qui vient, ni de l'angoisse du plein soleil immobile, ni des ombres ... Notre petit garçon, Hémon! Il aurait eu une maman toute

1	**la dispute**	querelle
3	**claquer la porte**	fermer violemment
11	**gaspiller**	vergeuden
17	**grave**	sérieux
20	s'imprimer dans	*ici, au figuré:* pénétrer
22	dans un souffle	in einem Atemzug
31	**une angoisse**	forte peur

petite et mal peignée – mais plus sûre que toutes les vraies mères du monde avec leurs vraies poitrines et leurs grands tabliers. Tu le crois, n'est-ce pas, toi?

HÉMON Oui, mon amour.

ANTIGONE Et tu crois aussi, n'est-ce pas, que toi, tu aurais eu une vraie femme?

HÉMON *la tient* J'ai une vraie femme.

ANTIGONE *crie soudain, blottie contre lui* Oh! tu m'aimais, Hémon, tu m'aimais, tu en es bien sûr, ce soir-là?

HÉMON *la berce doucement* Quel soir?

ANTIGONE Tu es bien sûr qu'à ce bal où tu es venu me chercher dans mon coin, tu ne t'es pas trompé de jeune fille? Tu es sûr que tu n'as jamais regretté depuis, jamais pensé, même tout au fond de toi, même une fois, que tu aurais plutôt dû demander Ismène?

HÉMON Idiote!

ANTIGONE Tu m'aimes, n'est-ce pas? Tu m'aimes comme une femme? Tes bras qui me serrent ne mentent pas? Tes grandes mains posées sur mon dos ne mentent pas, ni ton odeur, ni ce bon chaud, ni cette grande confiance qui m'inonde quand j'ai la tête au creux de ton cou?

HÉMON Oui, Antigone, je t'aime comme une femme.

ANTIGONE Je suis noire et maigre. Ismène est rose et dorée comme un fruit.

HÉMON *murmure* Antigone ...

ANTIGONE Oh! Je suis toute rouge de honte. Mais il faut que je sache ce matin. Dis la vérité, je t'en prie. Quand tu penses que je serai à toi, est-ce que tu sens au milieu de toi comme une grand trou qui se creuse, comme quelque chose qui meurt?

HÉMON Oui, Antigone.

ANTIGONE *dans un souffle, après un temps* Moi, je sens comme cela. Et je voulais te dire que j'aurais été très fière d'être ta femme, ta vraie femme, sur qui tu aurais posé ta main, le soir, en t'asseyant, sans penser, comme sur une chose bien à toi. *Elle s'est détachée de lui, elle a pris un autre*

1	**peigné**	coiffé *(gekämmt)*
2	le tablier	Schürze
8	se blottir contre qn	se serrer contre lui *(s. anschmiegen)*
10	bercer qn	hin- und herwiegen
19	inonder qn	*fig:* pénétrer complètement
	au creux de ton cou	in deine Halskuhle
24	**la honte**	Scham
32	se détacher	se séparer

ton. Voilà. Maintenant, je vais te dire encore deux choses. Et quand je les aurai dites il faudra que tu sortes sans me questionner. Même si elles te paraissent extraordinaires, même si elles te font de la peine. Jure-le-moi.

HÉMON Qu'est-ce que tu vas me dire encore?

ANTIGONE Jure-moi d'abord que tu sortiras sans rien me dire. Sans même me regarder. Si tu m'aimes, jure-le-moi. *Elle le regarde avec son pauvre visage bouleversé.* Tu vois comme je te le demande, jure-le-moi, s'il te plaît, Hémon ... C'est la dernière folie que tu auras à me passer.

HÉMON *après un temps* Je te le jure.

ANTIGONE Merci. Alors, voilà. Hier d'abord. Tu me demandais tout à l'heure pourquoi j'étais venue avec une robe d'Ismène, ce parfum et ce rouge à lèvres. J'étais bête. Je n'étais pas très sûre que tu me désires vraiment et j'avais fait tout cela pour être un peu plus comme les autres filles, pour te donner envie de moi.

HÉMON C'était pour cela?

ANTIGONE Oui. Et tu as ri et nous nous sommes disputés et mon mauvais caractère a été le plus fort, je me suis sauvée *Elle ajoute plus bas* Mais j'étais venue chez toi pour que tu me prennes hier soir, pour que je sois ta femme avant *Il recule, il va parler, elle crie* Tu m'as juré de ne pas me demander pourquoi. Tu m'as juré, Hémon! *Elle dit plus bas, humblement* Je t'en supplie ... *Et elle ajoute, se détournant, dure* D'ailleurs, je vais te dire. Je voulais être ta femme quand même parce que je t'aime comme cela, moi, très fort, et que – je vais te faire de la peine, ô mon chéri, pardon! – que jamais, jamais, je ne pourrai t'épouser *Il est resté muet de stupeur, elle court à la fenêtre, elle crie* Hémon, tu me l'as juré! Sors. Sors tout de suite sans rien dire. Si tu parles, si tu fais un seul pas vers moi, je me jette par cette fenêtre. Je te le jure, Hémon. Je te le jure sur la tête du petit garçon que nous avons eu tous les deux en rêve, du seul petit garçon que j'aurai jamais. Pars maintenant, pars vite. Tu sauras demain. Tu sauras tout à l'heure. *Elle achève avec un tel désespoir qu'Hémon obéit et s'éloigne.* S'il te plaît, pars, Hémon. C'est tout ce que tu peux faire encore pour moi, si tu m'aimes. *Il est sorti. Elle reste sans bouger, le dos à la salle, puis elle referme la fenêtre, elle vient*

8	bouleversé,e	*ici:* troublé par une vive émotion
9	passer qc à qn	pardonner *(nachsehen)*
20	reculer	aller en arrière
21	**humblement** *adv*	demütig
26	**la stupeur**	grande surprise

s'asseoir sur une petite chaise au milieu de la scène, et dit doucement, comme étrangement apaisée. Voilà. C'est fini pour Hémon, Antigone.

ISMÈNE *est entrée, appelant* Antigone! ... Ah, tu es là!

ANTIGONE *sans bouger* Oui, je suis là.

ISMÈNE Je ne peux pas dormir. J'avais peur que tu sortes, et que tu tentes de l'enterrer malgré le jour. Antigone, ma petite sœur, nous sommes tous là autour de toi, Hémon, nounou et moi, et Douce, ta chienne ... Nous t'aimons et nous sommes vivants, nous, nous avons besoin de toi. Polynice est mort et il ne t'aimait pas. Il a toujours été un étranger pour nous, un mauvais frère. Oublie-le, Antigone, comme il nous avait oubliées. Laisse son ombre dure errer éternellement sans sépulture, puisque c'est la loi de Créon. Ne tente pas ce qui est au-dessus de tes forces. Tu braves tout toujours, mais tu es toute petite, Antigone. Reste avec nous, ne va pas là-bas cette nuit, je t'en supplie.

ANTIGONE *s'est levée, un étrange petit sourire sur les lèvres, elle va vers la porte et du seuil, doucement, elle dit* C'est trop tard. Ce matin, quand tu m'as rencontrée, j'en venais.

Elle est sortie. Ismène la suit avec un cri:

ISMÈNE Antigone!

Dès qu'Ismène est sortie, Créon entre par une autre porte avec son page.

CRÉON Un garde, dis-tu? Un de ceux qui gardent le cadavre? Fais-le entrer.

Le garde entre. C'est une brute. Pour le moment il est vert de peur.

LE GARDE *se présente au garde-à-vous* Garde Jonas, de la Deuxième Compagnie.

CRÉON Qu'est-ce que tu veux?

LE GARDE Voilà, chef. On a tiré au sort pour savoir celui qui viendrait. Et le sort est tombé sur moi. Alors, voilà, chef. Je suis venu parce qu'on a pensé qu'il valait mieux qu'il n'y en ait qu'un qui explique, et puis parce

2	apaisé,e	calme
5	**tenter**	essayer
12	**braver qn**	affronter sans peur
16	**le seuil**	pas de la porte
23	la brute	personne grossière et vulgaire
24	se présenter au garde-à-vous	militärische Haltung annehmen
27	tirer au sort	auslosen

qu'on ne pouvait pas abandonner le poste tous les trois. On est les trois du piquet de garde, chef, autour du cadavre.

CRÉON Qu'as-tu à me dire?

LE GARDE On est trois, chef. Je ne suis pas tout seul. Les autres c'est Durand et le garde de première classe Boudousse.

CRÉON Pourquoi n'est-ce pas le première classe qui est venu?

LE GARDE N'est-ce pas, chef? Je l'ai dit tout de suite, moi. C'est le première classe qui doit y aller. Quand il n'y a pas de gradé, c'est le première classe qui est responsable. Mais les autres ils ont dit non et ils ont voulu tirer au sort. Faut-il que j'aille chercher le première classe, chef?

CRÉON Non. Parle, toi, puisque tu es là.

LE GARDE J'ai dix-sept ans de service. Je suis engagé volontaire, la médaille, deux citations. Je suis bien noté, chef. Moi je suis «service». Je ne connais que ce qui est commandé. Mes supérieurs ils disent toujours: «Avec Jonas on est tranquille.»

CRÉON C'est bon. Parle. De quoi as-tu peur?

LE GARDE Régulièrement ça aurait dû être le première classe. Moi je suis proposé première classe, mais je ne suis pas encore promu. Je devais être promu en juin.

CRÉON Vas-tu parler enfin? S'il est arrivé quelque chose, vous êtes tous les trois responsables. Ne cherche plus qui devrait être là.

LE GARDE Hé bien, voilà, chef: le cadavre ... On a veillé pourtant! On avait la relève de deux heures, la plus dure. Vous savez ce que c'est, chef, au moment où la nuit va finir. Ce plomb entre les yeux, la nuque qui tire, et puis toutes ces ombres qui bougent et le brouillard du petit matin qui se lève ... Ah! ils ont bien choisi leur heure! ... On était là, on parlait,

2	le piquet de garde	Wachtrupp
5	le (garde de) première classe	Obergefreiter
8	le gradé *mil*	Unteroffizier
12	un engagé volontaire	celui qui a choisi le métier de soldat
	la médaille *mil*	Tapferkeitsmedaille
13	la citation *mil*	ehrenvolle Erwähnung
	être bien noté	avoir une bonne réputation
14	**les supérieurs** *m pl*	personnes qui, dans la hiérarchie, sont placées au-dessus d'autres
18	**promouvoir qn**	élever à un grade supérieur
23	la relève	le fait de remplacer qn dans une fonction *(Wachablösung)*
24	le plomb	*ici:* Bleischwere
	tirer	faire mal
25	**le brouillard**	Nebel

on battait la semelle ... On ne dormait pas, chef, ça on peut vous le jurer tous les trois qu'on ne dormait pas! D'ailleurs, avec le froid qu'il faisait ... Tout d'un coup, moi je regarde le cadavre ... On était à deux pas, mais moi je le regardais de temps en temps tout de même ... Je suis comme ça, moi, chef, je suis méticuleux. C'est pour ça que mes supérieurs ils disent: «Avec Jonas ...» *Un geste de Créon l'arrête, il crie soudain* C'est moi qui l'ai vu le premier, chef! Les autres vous le diront, c'est moi qui ai donné le premier l'alarme.

CRÉON L'alarme? Pourquoi?

LE GARDE Le cadavre, chef. Quelqu'un l'avait recouvert. Oh! pas grand-chose. Ils n'avaient pas eu le temps avec nous autres à côté! Seulement un peu de terre ... Mais assez tout de même pour le cacher aux vautours.

CRÉON *va à lui* Tu es sûr que ce n'est pas une bête en grattant?

LE GARDE Non, chef. On a d'abord espéré ça, nous aussi. Mais la terre était jetée sur lui. Selon les rites. C'est quelqu'un qui savait ce qu'il faisait.

CRÉON Qui a osé? Qui a été assez fou pour braver ma loi? As-tu relevé des traces?

LE GARDE Rien, chef. Rien qu'un pas plus léger qu'un passage d'oiseau. Après, en cherchant mieux, le garde Durand a trouvé plus loin une pelle, une petite pelle d'enfant toute vieille, toute rouillée. On a pensé que ça ne pouvait pas être un enfant qui avait fait le coup. Le première classe l'a gardée tout de même pour l'enquête.

CRÉON *rêve un peu* Un enfant ... L'opposition brisée qui sourd et mine déjà partout. Les amis de Polynice avec leur or bloqué dans Thèbes, les chefs de la plèbe puant l'ail, soudainement alliés aux princes, et les prê-

1	battre la semelle *fam*	frapper ses pieds sur le sol pour les réchauffer
5	méticuleux, se	scrupuleux, minutieux
12	le vautour	Geier
15	**le rite**	règle prescrite par un culte
17	**braver une loi**	ne pas la respecter
20	**la pelle**	Schaufel
21	rouillé,e	rongé par la rouille *(Rost)*
23	**une enquête**	recherche ordonnée pour trouver un coupable
24	briser	rendre inefficace *(zerschlagen)*
	sourdre	*verbe défectif qui n'existe que dans quelques formes:* surgir
	miner	agir de façon subversive
25	bloqué,e	réuni, massé
26	la plèbe	peuple bas et vulgaire *(Plebs)*
	puer	sentir mauvais

tres essayant de pêcher un petit quelque chose au milieu de tout cela ... Un enfant! Ils ont dû penser que cela serait plus touchant. Je le vois d'ici, leur enfant, avec sa gueule de tueur appointé et la petite pelle soigneusement enveloppée dans du papier sous sa veste. A moins qu'ils n'aient dressé un vrai enfant, avec des phrases ... Une innocence inestimable pour le parti. Un vrai petit garçon pâle qui crachera devant mes fusils. Un précieux sang bien frais sur mes mains, double aubaine *Il va à l'homme* Mais ils ont des complices, et dans ma garde peut-être. Ecoute bien, toi ...

LE GARDE Chef, on a fait tout ce qu'on devait faire! Durand s'est assis une demi-heure parce qu'il avait mal aux pieds, mais moi, chef, je suis resté tout le temps debout. Le première classe vous le dira.

CRÉON A qui avez-vous déjà parlé de cette affaire?

LE GARDE A personne, chef. On a tout de suite tiré au sort, et je suis venu.

CRÉON Ecoute bien. Votre garde est doublée. Renvoyez la relève. Voilà l'ordre. Je ne veux que vous près du cadavre. Et pas un mot. Vous êtes coupables d'une négligence, vous serez punis de toute façon, mais si tu parles, si le bruit court dans la ville qu'on a recouvert le cadavre de Polynice, vous mourrez tous les trois.

LE GARDE *gueule* On n'a pas parlé, chef, je vous le jure! Mais moi, j'étais ici et peut-être que les autres ils l'ont déjà dit à la relève ... *Il sue à grosses gouttes, il bafouille* Chef, j'ai deux enfants. Il y en a un qui est tout petit. Vous témoignerez pour moi que j'étais ici, chef, devant le conseil de guerre. J'étais ici, moi, avec vous! J'ai un témoin! Si on a parlé, ça sera les autres, ça ne sera pas moi! J'ai un témoin, moi!

CRÉON Va vite. Si personne ne sait, tu vivras *Le garde sort en courant. Créon reste un instant muet. Soudain, il murmure* Un enfant ... *Il a pris le petit page par l'épaule.* Viens, petit. Il faut que nous allions

1	pêcher *fam*	aufgabeln, abbekommen
3	la gueule *vulg*	visage
	appointer qn	payer pour une tâche *(besolden)*
5	**inestimable**	dont on ne peut estimer *(abschätzen)* la valeur
6	les fusils *m pl*	*ici:* peloton d'exécution
7	**précieux, se**	de grande valeur
	une aubaine	profit inattendu et inespéré
8	la garde	*ici:* le temps de garde
16	**la négligence**	Nachlässigkeit
19	**gueuler** *pop*	crier très fort
20	**suer**	transpirer
21	bafouiller *fam*	faseln
23	**le témoin**	personne qui peut témoigner de qc *(bezeugen)*

raconter tout cela maintenant ... Et puis, la jolie besogne commencera. Tu mourrais, toi, pour moi? Tu crois que tu irais avec ta petite pelle? *Le petit le regarde. Il sort avec lui, lui caressant la tête.* Oui, bien sûr, tu irais tout de suite, toi aussi ... *On l'entend soupirer encore en sortant* Un enfant ...

Ils sont sortis. Le chœur entre.

LE CHŒUR Et voilà. Maintenant le ressort est bandé. Cela n'a plus qu'à se dérouler tout seul. C'est cela qui est commode dans la tragédie. On donne le petit coup de pouce pour que cela démarre, rien, un regard pendant une seconde à une fille qui passe et lève les bras dans la rue, une envie d'honneur un beau matin, au réveil, comme de quelque chose qui se mange, une question de trop qu'on se pose un soir ... C'est tout. Après, on n'a plus qu'à laisser faire. On est tranquille. Cela roule tout seul. C'est minutieux, bien huilé depuis toujours. La mort, la trahison, le désespoir sont là, tout prêts, et les éclats, et les orages, et les silences, tous les silences: le silence quand le bras du bourreau se lève à la fin, le silence au commencement quand les deux amants sont nus l'un en face de l'autre pour la première fois, sans oser bouger tout de suite, dans la chambre sombre, le silence quand les cris de la foule éclatent autour du vainqueur – et on dirait un film dont le son s'est enrayé, toutes ces bouches ouvertes dont il ne sort rien, toute cette clameur qui n'est qu'une image, et le vainqueur, déjà vaincu, seul au milieu de son silence ...
C'est propre, la tragédie. C'est reposant, c'est sûr ... Dans le drame,

1	la jolie besogne	*ironiquement:* das saubere Geschäft
4	**soupirer**	seufzen
7	**le ressort**	Feder
	bander (un ressort)	tendre
9	le coup de pouce	Daumendruck
	démarrer	se mettre en mouvement
14	**huiler**	*pour un mécanisme:* graisser de sorte qu'il fonctionne bien
	la trahison	le fait de trahir qn *(Verrat)*
15	les éclats *m pl*	les querelles
	un orage	Gewitter, *hier:* Gefühlsausbrüche
16	**le bourreau (-x)**	celui qui exécute un criminel
20	**le vainqueur**	celui qui remporte la victoire
	on dirait ...	on a l'impression de ...
	s'enrayer	s'arrêter *(aussetzen)*
21	la clameur	cris
23	**reposant,e**	calmant

avec ces traîtres, avec ces méchants acharnés, cette innocence persécutée, ces vengeurs, ces terre-neuve, ces lueurs d'espoir, cela devient épouvantable de mourir, comme un accident. On aurait peut-être pu se sauver, le bon jeune homme aurait peut-être pu arriver à temps avec les gendarmes. Dans la tragédie on est tranquille. D'abord, on est entre soi. On est tous innocents en somme! Ce n'est pas parce qu'il y en a un qui tue et l'autre qui est tué. C'est une question de distribution. Et puis, surtout, c'est reposant, la tragédie, parce qu'on sait qu'il n'y a plus d'espoir, le sale espoir; qu'on est pris, qu'on est enfin pris comme un rat, avec tout le ciel sur son dos, et qu'on n'a plus qu'à crier, – pas à gémir, non, pas à se plaindre, – à gueuler à pleine voix ce qu'on avait à dire, qu'on n'avait jamais dit et qu'on ne savait peut-être même pas encore. Et pour rien: pour se le dire à soi, pour l'apprendre, soi. Dans le drame, on se débat parce qu'on espère en sortir. C'est ignoble, c'est utilitaire. Là, c'est gratuit. C'est pour les rois. Et il n'y a plus rien à tenter, enfin!

Antigone est entrée, poussée par les gardes.

LE CHŒUR Alors, voilà, cela commence. La petite Antigone est prise. La petite Antigone va pouvoir être elle-même pour la première fois.

Le chœur disparaît, tandis que les gardes poussent Antigone en scène.

LE GARDE *qui a repris tout son aplomb* Allez, allez, pas d'histoires! Vous vous expliquerez devant le chef. Moi, je ne connais que la consigne. Ce que vous aviez à faire là, je ne veux pas le savoir. Tout le monde a des excuses, tout le monde a quelque chose à objecter. S'il fallait écouter les gens, s'il fallait essayer de comprendre, on serait propres. Allez, allez!

1	**le traître**	celui qui en trahit un autre
	acharné,e	qui poursuit avec fureur
	persécuter qn	poursuivre, martyriser
2	le terre-neuve	race canine *(Neufundländer); ici:* le sauveur
	la lueur d'espoir	Hoffnungsschimmer
7	**la distribution**	*ici:* répartition des rôles
10	gémir	se plaindre d'une voix faible *(stöhnen)*
13	**se débattre**	se défendre de toutes ses forces
14	ignoble	bas, indigne
	utilitaire	qui vise l'utilité, le profit
	gratuit,e	*ici:* désintéressé
20	reprendre son aplomb	regagner son assurance
	pas d'histoires!	ne faites pas de difficultés!
21	la consigne	*ici:* ordre, instruction
23	**objecter**	opposer des objections *(Einwände)*
24	on serait propres *pop*	da wäre man bedient

Tenez-la, vous autres, et pas d'histoires! Moi, ce qu'elle a à dire, je ne veux pas le savoir!

ANTIGONE Dis-leur de me lâcher, avec leurs sales mains. Ils me font mal.

LE GARDE Leurs sales mains? Vous pourriez être polie, Mademoiselle … Moi, je suis poli.

ANTIGONE Dis-leur de me lâcher. Je suis la fille d'Œdipe, je suis Antigone. Je ne me sauverai pas.

LE GARDE La fille d'Œdipe, oui! Les putains qu'on ramasse à la garde de nuit, elles disent aussi de se méfier, qu'elles sont la bonne amie du préfet de police!

Ils rigolent.

ANTIGONE Je veux bien mourir, mais pas qu'ils me touchent!

LE GARDE Et les cadavres, dis, et la terre, ça ne te fait pas peur à toucher? Tu dis «leurs sales mains»! Regarde un peu les tiennes.

Antigone regarde ses mains tenues par les menottes avec un petit sourire. Elles sont pleines de terre.

LE GARDE On te l'avait prise, ta pelle? Il a fallu que tu refasses ça avec tes ongles, la deuxième fois? Ah! cette audace! Je tourne le dos une seconde, je te demande une chique, et allez, le temps de me la caler dans la joue, le temps de dire merci, elle était là, à gratter comme une petite hyène. Et en plein jour! Et c'est qu'elle se débattait cette garce, quand j'ai voulu la prendre! C'est qu'elle voulait me sauter aux yeux! Elle criait qu'il fallait qu'elle finisse … C'est une folle, oui!

LE DEUXIÈME GARDE J'en ai arrêté une autre, de folle, l'autre jour. Elle montrait son cul aux gens.

7	**se sauver** *fam*	essayer d'échapper
8	la putain *vulg*	prostituée
	ramasser qn	*ici:* arrêter
9	**se méfier**	*ici:* faire attention *(s. vorsehen)*
11	**rigoler** *fam*	rire et plaisanter
15	**les menottes** *f pl*	bracelets métalliques attachant les poignets d'un prisonnier
18	**l'ongle** *m*	Fingernagel
	l'audace *f*	*péj* insolence *(Unverschämtheit)*
19	la chique	Pfriem, Kautabak
	se caler qc dans la joue *pop*	se le mettre dans la bouche
20	la hyène, l'hyène	Hyäne
21	la garce *pop*	Göre
25	le cul *vulg*	derrière

LE GARDE Dis, Boudousse, qu'est-ce qu'on va se payer comme gueuleton tous les trois, pour fêter ça!

LE DEUXIÈME GARDE Chez la Tordue. Il est bon, son rouge.

LE TROISIÈME GARDE On a quartier libre, dimanche. Si on emmenait les femmes?

LE GARDE Non, entre nous qu'on rigole ... Avec les femmes, il y a toujours des histoires, et puis les moutards qui veulent pisser. Ah! dis, Boudousse, tout à l'heure, on ne croyait pas qu'on aurait envie de rigoler comme ça, nous autres!

LE DEUXIÈME GARDE Ils vont peut-être nous donner une récompense.

LE GARDE Ça se peut, si c'est important.

LE TROISIÈME GARDE Flanchard, de la Troisième, quand il a mis la main sur l'incendiaire, le mois dernier, il a eu le mois double.

LE DEUXIÈME GARDE Ah, dis donc! Si on a le mois double, je propose: au lieu d'aller chez la Tordue, on va au Palais arabe.

LE GARDE Pour boire? T'es pas fou? Ils te vendent la bouteille le double au Palais. Pour monter, d'accord. Ecoutez-moi, je vais vous dire: on va d'abord chez la Tordue, on se les cale comme il faut et après on va au Palais. Dis, Boudousse, tu te rappelles la grosse, du Palais?

LE DEUXIÈME GARDE Ah! ce que t'étais saoul, toi, ce jour-là!

LE TROISIÈME GARDE Mais nos femmes, si on a le mois double, elles le sauront. Si ça se trouve, on sera peut-être publiquement félicités.

LE GARDE Alors on verra. La rigolade c'est autre chose. S'il y a une céré-

1	le gueuleton *pop*	repas abondant où l'on mange avec excès
3	la Tordue	surnom de la patronne *(die Mißgestaltete)*
4	avoir quartier libre *mil*	ne pas être de service, pouvoir sortir librement
7	les moutards *m pl fam*	enfants
10	**la récompense**	bien matériel qu'on reçoit pour une bonne action, pour un service rendu
12	la Troisième *mil*	dritte Kompanie, Einheit
	mettre la main sur qn	l'arrêter
13	**un incendiaire**	celui qui cause un incendie *(Brand)*
	avoir le mois double	recevoir un double salaire
18	on se les cale comme il faut *fam*	wir schlagen uns ordentlich den Bauch voll
20	saoul,e; soûl,e [su] *fam*	ivre *(besoffen)*
22	**féliciter qn de qc**	complimenter de qc, congratuler de qc
23	**la rigolade** *fam*	amusement de remise de médailles

monie dans la cour de la caserne, comme pour les décorations, les femmes viendront aussi et les gosses. Et alors on ira tous chez la Tordue.

LE DEUXIÈME GARDE Oui, mais il faudra lui commander le menu d'avance.

ANTIGONE *demande d'une petite voix* Je voudrais m'asseoir un peu, s'il vous plaît.

LE GARDE *après un temps de réflexion* C'est bon, qu'elle s'asseye. Mais ne la lâchez pas, vous autres.

Créon entre, le garde gueule aussitôt.

LE GARDE Garde à vous!

CRÉON *s'est arrêté, surpris* Lâchez cette jeune fille. Qu'est-ce que c'est?

LE GARDE C'est le piquet de garde, chef. On est venu avec les camarades.

CRÉON Qui garde le corps?

LE GARDE On a appelé la relève, chef.

CRÉON Je t'avais dit de la renvoyer! Je t'avais dit de ne rien dire.

LE GARDE On n'a rien dit, chef. Mais comme on a arrêté celle-là, on a pensé qu'il fallait qu'on vienne. Et cette fois on n'a pas tiré au sort. On a préféré venir tous les trois.

CRÉON Imbéciles *A Antigone* Où t'ont-ils arrêtée?

LE GARDE Près du cadavre, chef.

CRÉON Qu'allais-tu faire près du cadavre de ton frère? Tu savais que j'avais interdit de l'approcher.

LE GARDE Ce qu'elle faisait, chef? C'est pour ça qu'on vous l'amène. Elle grattait la terre avec ses mains. Elle était en train de le recouvrir encore une fois.

CRÉON Sais-tu bien ce que tu es en train de dire, toi?

LE GARDE Chef, vous pouvez demander aux autres. On avait dégagé le corps à mon retour; mais avec le soleil qui chauffait, comme il commençait à sentir, on s'était mis sur une petite hauteur, pas loin, pour être dans le vent. On se disait qu'en plein jour on ne risquait rien. Pourtant on avait décidé, pour être plus sûrs, qu'il y en aurait toujours un de nous trois qui le regarderait. Mais à midi, en plein soleil, et puis avec l'odeur qui montait depuis que le vent était tombé, c'était comme un coup de massue. J'avais beau écarquiller les yeux, ça tremblait comme de la gélatine, je

1	**la décoration** *mil*	cérémonie de remise de médailles
2	**les gosses** *m pl fam*	enfants
18	**un,e imbécile**	idiot, idiote
26	dégager	*ici:* libérer de ce qui recouvre
32	la massue	Keule
33	écarquiller les yeux	ouvrir grand les yeux

voyais plus. Je vais au camarade lui demander une chique pour passer ça ... Le temps que je me la cale à la joue, chef, le temps que je lui dise merci, je me retourne: elle était là à gratter avec ses mains. En plein jour! Elle devait bien penser qu'on ne pouvait pas ne pas la voir. Et quand elle a vu que je lui courais dessus, vous croyez qu'elle s'est arrêtée, qu'elle a essayé de se sauver peut-être? Non. Elle a continué de toutes ses forces aussi vite qu'elle pouvait, comme si elle ne me voyait pas arriver. Et quand je l'ai empoignée, elle se débattait comme une diablesse, elle voulait continuer encore, elle me criait de la laisser, que le corps n'était pas encore tout à fait recouvert ...

CRÉON *à Antigone* C'est vrai?

ANTIGONE Oui, c'est vrai.

LE GARDE On a découvert le corps, comme de juste, et puis on a passé la relève, sans parler de rien, et on est venu vous l'amener, chef. Voilà.

CRÉON Et cette nuit, la première fois, c'était toi aussi?

ANTIGONE Oui. C'était moi. Avec une petite pelle de fer qui nous servait à faire des châteaux de sable sur la plage, pendant les vacances. C'était justement la pelle de Polynice. Il avait gravé son nom au couteau sur le manche. C'est pour cela que je l'ai laissée près de lui. Mais ils l'ont prise. Alors, la seconde fois, j'ai dû recommencer avec mes mains.

LE GARDE On aurait dit une petite bête qui grattait. Même qu'au premier coup d'œil, avec l'air chaud qui tremblait, le camarade dit: «Mais non, c'est une bête.» «Penses-tu, je lui dis, c'est trop fin pour une bête. C'est une fille.»

CRÉON C'est bien. On vous demandera peut-être un rapport tout à l'heure. Pour le moment, laissez-moi seul avec elle. Conduis ces hommes à côté, petit. Et qu'ils restent au secret jusqu'à ce que je revienne les voir.

LE GARDE Faut-il lui remettre les menottes, chef?

CRÉON Non.

Les gardes sont sortis, précédés par le petit page.
Créon et Antigone sont seuls l'un en face de l'autre.

1	passer qc	le supporter *(etw überstehen)*
5	je lui courais dessus *fam*	je courais vers elle
13	découvrir	dégager
19	**le manche**	Stiel
27	petit	*c'est-à-dire:* le page
	rester au secret	*ici:* rester enfermé sans contact avec l'extérieur
30	**précéder qn**	*ici:* marcher devant lui

CRÉON Avais-tu parlé de ton projet à quelqu'un?

ANTIGONE Non.

CRÉON As-tu rencontré quelqu'un sur ta route?

ANTIGONE Non, personne.

CRÉON Tu en es bien sûre?

ANTIGONE Oui.

CRÉON Alors, écoute: tu vas rentrer chez toi, te coucher, dire que tu es malade, que tu n'es pas sortie depuis hier. Ta nourrice dira comme toi. Je ferai disparaître ces trois hommes.

ANTIGONE Pourquoi? Puisque vous savez bien que je recommencerai.

Un silence. Ils se regardent.

CRÉON Pourquoi as-tu tenté d'enterrer ton frère?

ANTIGONE Je le devais.

CRÉON Je l'avais interdit.

ANTIGONE *doucement* Je le devais tout de même. Ceux qu'on n'enterre pas errent éternellement sans jamais trouver de repos. Si mon frère vivant était rentré harassé d'une longue chasse, je lui aurais enlevé ses chaussures, je lui aurais fait à manger, je lui aurais préparé son lit ... Polynice aujourd'hui a achevé sa chasse. Il rentre à la maison où mon père et ma mère, et Etéocle aussi, l'attendent. Il a droit au repos.

CRÉON C'était un révolté et un traître, tu le savais.

ANTIGONE C'était mon frère.

CRÉON Tu avais entendu proclamer l'édit aux carrefours, tu avais lu l'affiche sur tous les murs de la ville?

ANTIGONE Oui.

CRÉON Tu savais le sort qui y était promis à celui, quel qu'il soit, qui oserait lui rendre les honneurs funèbres?

ANTIGONE Oui, je le savais.

CRÉON Tu as peut-être cru que d'être la fille d'Œdipe, la fille de l'orgueil d'Œdipe, c'était assez pour être au-dessus de la loi.

ANTIGONE Non. Je n'ai pas cru cela.

16	errer	marcher sans but *(umherirren)*
	éternellement *adv*	à tout jamais, pour toujours
17	harassé,e	*ici:* épuisé, très fatigué
23	**un édit**	arrêté, proclamation officielle
	une affiche	Plakat, Anschlag
27	les honneurs funèbres	les rites d'enterrement, funérailles
29	**l'orgueil** *m*	fierté

CRÉON La loi est d'abord faite pour toi, Antigone, la loi est d'abord faite pour les filles des rois!

ANTIGONE Si j'avais été une servante en train de faire sa vaisselle, quand j'ai entendu lire l'édit, j'aurais essuyé l'eau grasse de mes bras et je serais sortie avec mon tablier pour aller enterrer mon frère.

CRÉON Ce n'est pas vrai. Si tu avais été une servante, tu n'aurais pas douté que tu allais mourir et tu serais restée à pleurer ton frère chez toi. Seulement tu as pensé que tu étais de race royale, ma nièce et la fiancée de mon fils, et que, quoi qu'il arrive, je n'oserais pas te faire mourir.

ANTIGONE Vous vous trompez. J'étais certaine que vous me feriez mourir au contraire.

CRÉON *la regarde et murmure soudain* L'orgueil d'Œdipe. Tu es l'orgueil d'Œdipe. Oui, maintenant que je l'ai retrouvé au fond de tes yeux, je te crois. Tu as dû penser que je te ferais mourir. Et cela te paraissait un dénouement tout naturel pour toi, orgueilleuse! Pour ton père non plus – je ne dis pas le bonheur, il n'en était pas question – le malheur humain, c'était trop peu. L'humain vous gêne aux entournures dans la famille. Il vous faut un tête-à-tête avec le destin et la mort. Et tuer votre père et coucher avec votre mère et apprendre tout cela après, avidement, mot par mot. Quel breuvage, hein, les mots qui vous condamnent? Et comme on les boit goulûment quand on s'appelle Œdipe, ou Antigone. Et le plus simple après, c'est encore de se crever les yeux et d'aller mendier avec ses enfants sur les routes ... Eh bien, non. Ces temps sont révolus pour Thèbes. Thèbes a droit maintenant à un prince sans histoire. Moi, je m'appelle seulement Créon, Dieu merci. J'ai mes deux pieds par terre, mes deux mains enfoncées dans mes poches et, puisque je suis roi, j'ai résolu, avec moins d'ambition que ton père, de m'employer tout simple-

15	**le dénouement**	la conclusion, la fin
17	l'entournure *f*	Ärmelausschnitt
	être gênée aux entournures *fig*	être mal à l'aise
19	coucher avec qn	avoir des rapports sexuels
	avidement *adv*	begierig
20	le breuvage	boisson; *ici:* potion *(Trank)* qui guérit
21	goulûment	rapidement et avidement
22	se crever les yeux	sich die Augen ausstechen
23	révolu,e	passé
26	**enfoncer ses mains dans ses poches**	les y mettre profondément
27	**résoudre**	décider
	l'ambition *f*	Ehrgeiz
	s'employer à qc	sich einsetzen für etw

ment à rendre l'ordre de ce monde un peu moins absurde, si c'est possible. Ce n'est même pas une aventure, c'est un métier pour tous les jours et pas toujours drôle, comme tous les métiers. Mais puisque je suis là pour le faire, je vais le faire ... Et si demain un messager crasseux dévale du fond des montagnes pour m'annoncer qu'il n'est pas très sûr non plus de ma naissance, je le prierai tout simplement de s'en retourner d'où il vient et je ne m'en irai pas pour si peu regarder ta tante sous le nez et me mettre à confronter les dates. Les rois ont autre chose à faire que du pathétique personnel, ma petite fille *Il a été à elle, il lui prend le bras* Alors, écoute-moi bien. Tu es Antigone, tu es la fille d'Œdipe, soit, mais tu as vingt ans et il n'y a pas longtemps encore tout cela se serait réglé par du pain sec et une paire de gifles *Il la regarde, souriant* Te faire mourir! Tu ne t'es pas regardée, moineau! Tu es trop maigre. Grossis un peu, plutôt, pour faire un gros garçon à Hémon. Thèbes en a besoin plus que de ta mort, je te l'assure. Tu vas rentrer chez toi tout de suite, faire ce que je t'ai dit et te taire. Je me charge du silence des autres. Allez, va! Et ne me foudroie pas comme cela du regard. Tu me prends pour une brute, c'est entendu, et tu dois penser que je suis décidément bien prosaïque. Mais je t'aime bien tout de même avec ton sale caractère. N'oublie pas que c'est moi qui t'ai fait cadeau de ta première poupée, il n'y a pas si longtemps.

Antigone ne répond pas. Elle va sortir. Il l'arrête.

CRÉON Antigone! C'est par cette porte qu'on regagne ta chambre. Où t'en vas-tu par là?

ANTIGONE *s'est arrêtée, elle lui répond doucement, sans forfanterie* Vous le savez bien ...

4	**crasseux, se**	couvert de poussière, sale
	dévaler	descendre
7	ta tante	*c'est-à-dire:* Eurydice
	regarder qn sous le nez	regarder de très près
8	**confronter**	*ici:* comparer
9	le pathétique	Pathos
	il a été à elle	il est allé vers elle
12	**la gifle**	Ohrfeige
13	**le moineau**	Sperling, Spatz
16	**se charger de qc**	s'en occuper
17	foudroyer qn du regard	regarder qn intensément pour marquer sa haine
18	prosaïque	*ici:* grossier, vulgaire
25	la forfanterie	vantardise *(Prahlerei)*

Un silence. Ils se regardent encore debout l'un en face de l'autre.

CRÉON *murmure, comme pour lui* Quel jeu joues-tu?

ANTIGONE Je ne joue pas.

CRÉON Tu ne comprends donc pas que si quelqu'un d'autre que ces trois brutes sait tout à l'heure ce que tu as tenté de faire, je serai obligé de te faire mourir? Si tu te tais maintenant, si tu renonces à cette folie, j'ai une chance de te sauver, mais je ne l'aurai plus dans cinq minutes. Le comprends-tu?

ANTIGONE Il faut que j'aille enterrer mon frère que ces hommes ont découvert.

CRÉON Tu irais refaire ce geste absurde? Il y a une autre garde autour du corps de Polynice et, même si tu parviens à le recouvrir encore, on dégagera son cadavre, tu le sais bien. Que peux-tu donc, sinon t'ensanglanter encore les ongles et te faire prendre?

ANTIGONE Rien d'autre que cela, je le sais. Mais cela, du moins, je le peux. Et il faut faire ce que l'on peut.

CRÉON Tu y crois donc vraiment, toi, à cet enterrement dans les règles? A cette ombre de ton frère condamnée à errer toujours si on ne jette pas sur le cadavre un peu de terre avec la formule du prêtre? Tu leur as déjà entendu la réciter, aux prêtres de Thèbes, la formule? Tu as vu ces pauvres têtes d'employés fatigués écourtant les gestes, avalant les mots, bâclant ce mort pour en prendre un autre avant le repas de midi?

ANTIGONE Oui, je les ai vus.

CRÉON Est-ce que tu n'as jamais pensé alors que si c'était un être que tu aimais vraiment, qui était là, couché dans cette boîte, tu te mettrais à hurler tout d'un coup? A leur crier de se taire, de s'en aller?

ANTIGONE Si, je l'ai pensé.

CRÉON Et tu risques la mort maintenant parce que j'ai refusé à ton frère ce passeport dérisoire, ce bredouillage en série sur sa dépouille, cette pantomime dont tu aurais été la première à avoir honte et mal si on l'avait jouée. C'est absurde!

11	**le geste**	acte
12	**parvenir à faire qc**	réussir à le faire
13	**ensanglanter**	tacher *(beflecken)* de sang
17	dans les règles	selon les rites
21	**écourter**	abréger, rendre plus court
	avaler les mots	parler de façon indistincte
22	bâcler *fam*	verpfuschen, schnell abfertigen
29	**dérisoire**	ridicule, qu'on ne peut prendre au sérieux
	la dépouille	ce qui reste d'un vivant après sa mort
	la pantomime	*ici, au sens péjoratif:* Theater

ANTIGONE Oui, c'est absurde.

CRÉON Pourquoi fais-tu ce geste, alors? Pour les autres, pour ceux qui y croient? Pour les dresser contre moi?

ANTIGONE Non.

CRÉON Ni pour les autres, ni pour ton frère? Pour qui alors?

ANTIGONE Pour personne. Pour moi.

CRÉON *la regarde en silence* Tu as donc bien envie de mourir? Tu as déjà l'air d'un petit gibier pris.

ANTIGONE Ne vous attendrissez pas sur moi. Faites comme moi. Faites ce que vous avez à faire. Mais si vous êtes un être humain, faites-le vite. Voilà tout ce que je vous demande. Je n'aurai pas du courage éternellement, c'est vrai.

CRÉON *se rapproche* Je veux te sauver, Antigone.

ANTIGONE Vous êtes le roi, vous pouvez tout, mais cela, vous ne le pouvez pas.

CRÉON Tu crois?

ANTIGONE Ni me sauver, ni me contraindre.

CRÉON Orgueilleuse! Petite Œdipe!

ANTIGONE Vous pouvez seulement me faire mourir.

CRÉON Et si je te fais torturer?

ANTIGONE Pourquoi? Pour que je pleure, que je demande grâce, pour que je jure tout ce qu'on voudra, et que je recommence après, quand je n'aurai plus mal?

CRÉON *lui serre le bras* Ecoute-moi bien. J'ai le mauvais rôle, c'est entendu, et tu as le bon. Et tu le sens. Mais n'en profite tout de même pas trop, petite peste ... Si j'étais une bonne brute ordinaire de tyran, il y aurait déjà longtemps qu'on t'aurait arraché la langue, tiré les membres aux tenailles, ou jetée dans un trou. Mais tu vois dans mes yeux quelque chose qui hésite, tu vois que je te laisse parler au lieu d'appeler mes soldats; alors, tu nargues, tu attaques tant que tu peux. Où veux-tu en venir, petite furie?

ANTIGONE Lâchez-moi. Vous me faites mal au bras avec votre main.

8	le gibier	Wild
9	**s'attendrir sur qn**	s'émouvoir à cause de qn
17	**contraindre qn**	le forcer
20	**torturer qn**	foltern
21	**demander grâce**	um Gnade bitten
26	petite peste	kleines Scheusal
28	les tenailles *f pl*	Zange
30	narguer *fam*	braver en se moquant

CRÉON *qui serre plus fort* Non. Moi, je suis le plus fort comme cela, j'en profite aussi.

ANTIGONE *pousse un petit cri* Aïe!

CRÉON *dont les yeux rient* C'est peut-être ce que je devrais faire après tout, tout simplement, te tordre le poignet, te tirer les cheveux comme on fait aux filles dans les jeux *Il la regarde encore. Il redevient grave. Il lui dit tout près* Je suis ton oncle, c'est entendu, mais nous ne sommes pas tendres les uns pour les autres, dans la famille. Cela ne te semble pas drôle, tout de même, ce roi bafoué qui t'écoute, ce vieux homme qui peut tout et qui en a vu tuer d'autres, je t'assure, et d'aussi attendrissants que toi, et qui est là à se donner toute cette peine pour essayer de t'empêcher de mourir?

ANTIGONE *après un temps* Vous serrez trop, maintenant. Cela ne me fait même plus mal. Je n'ai plus de bras.

CRÉON *la regarde et la lâche avec un petit sourire. Il murmure* Dieu sait pourtant si j'ai autre chose à faire aujourd'hui, mais je vais tout de même perdre le temps qu'il faudra et te sauver, petite peste *Il la fait asseoir sur une chaise au milieu de la pièce. Il enlève sa veste, il s'avance vers elle, lourd, puissant, en bras de chemise.* Au lendemain d'une révolution ratée, il y a du pain sur la planche, je te l'assure. Mais les affaires urgentes attendront. Je ne veux pas te laisser mourir dans une histoire de politique. Tu vaux mieux que cela. Parce que ton Polynice, cette ombre éplorée et ce corps qui se décompose entre ses gardes et tout ce pathétique qui t'enflamme, ce n'est qu'une histoire de politique. D'abord, je ne suis pas tendre, mais je suis délicat; j'aime ce qui est propre, net, bien lavé. Tu crois que cela ne me dégoûte pas autant que toi, cette viande qui pourrit au soleil! Le soir, quand le vent vient de la mer, on la sent déjà du palais. Cela me soulève le cœur. Pourtant, je ne vais même pas fermer ma

5	**tordre**	plier brutalement
9	bafoué,e	ridiculisé
	ce vieux homme	*inusité:* ce vieil homme
10	**attendrissant,e**	touchant, émouvant
11	**se donner de la peine**	s'efforcer
19	**raté,e**	qui n'a pas réussi
20	il y a du pain sur la planche *fam*	il y a beaucoup à faire
	urgent,e	qui ne souffre aucun retard
22	éploré,e	en larmes
23	se décomposer	pourrir *(verwesen)*
24	**enflammer**	passionner
25	**délicat,e**	sensible
28	soulever le cœur à qn	donner mal au cœur, dégoûter

fenêtre. C'est ignoble, et je peux te le dire à toi, c'est bête, monstrueusement bête, mais il faut que tout Thèbes sente cela pendant quelque temps. Tu penses bien que je l'aurais fait enterrer, ton frère, ne fût-ce que pour l'hygiène! Mais pour que les brutes que je gouverne comprennent, il faut que cela pue le cadavre de Polynice dans toute la ville, pendant un mois.

ANTIGONE Vous êtes odieux!

CRÉON Oui, mon petit. C'est le métier qui le veut. Ce qu'on peut discuter, c'est s'il faut le faire ou ne pas le faire. Mais si on le fait, il faut le faire comme cela.

ANTIGONE Pourquoi le faites-vous?

CRÉON Un matin, je me suis réveillé roi de Thèbes. Et Dieu sait si j'aimais autre chose dans la vie que d'être puissant ...

ANTIGONE Il fallait dire non, alors!

CRÉON Je le pouvais. Seulement, je me suis senti tout d'un coup comme un ouvrier qui refusait un ouvrage. Cela ne m'a pas paru honnête. J'ai dit oui.

ANTIGONE Eh bien, tant pis pour vous. Moi, je n'ai pas dit «oui»! Qu'est-ce que vous voulez que cela me fasse, à moi, votre politique, votre nécessité, vos pauvres histoires? Moi, je peux dire «non» encore à tout ce que je n'aime pas et je suis seul juge. Et vous, avec votre couronne, avec vos gardes, avec votre attirail, vous pouvez seulement me faire mourir parce que vous avez dit «oui».

CRÉON Ecoute-moi.

ANTIGONE Si je veux, moi, je peux ne pas vous écouter. Vous avez dit «oui». Je n'ai plus rien à apprendre de vous. Pas vous. Vous êtes là à boire mes paroles. Et si vous n'appelez pas vos gardes, c'est pour m'écouter jusqu'au bout.

CRÉON Tu m'amuses!

ANTIGONE Non. Je vous fais peur. C'est pour cela que vous essayez de me sauver. Ce serait tout de même plus commode de garder une petite Antigone vivante et muette dans ce palais. Vous êtes trop sensible pour faire un bon tyran, voilà tout. Mais vous allez tout de même me faire mourir tout à l'heure, vous le savez, et c'est pour cela que vous avez peur. C'est laid un homme qui a peur.

1	monstrueusement *adv*	énormément
7	**odieux, se**	qui provoque la haine et le dégoût
16	**un ouvrage**	tâche, travail
21	la couronne	Krone
22	un attirail *fam*	équipement inutile et encombrant *(Kram)*

CRÉON *sourdement* Eh bien, oui, j'ai peur d'être obligé de te faire tuer si tu t'obstines. Et je ne le voudrais pas.

ANTIGONE Moi, je ne suis pas obligée de faire ce que je ne voudrais pas! Vous n'auriez pas voulu non plus, peut-être, refuser une tombe à mon frère? Dites-le donc, que vous ne l'auriez pas voulu?

CRÉON Je te l'ai dit.

ANTIGONE Et vous l'avez fait tout de même. Et maintenant, vous allez me faire tuer sans le vouloir. Et c'est cela, être roi!

CRÉON Oui, c'est cela!

ANTIGONE Pauvre Créon! Avec mes ongles cassés et pleins de terre et les bleus que tes gardes m'ont faits aux bras, avec ma peur qui me tord le ventre, moi je suis reine.

CRÉON Alors, aie pitié de moi, vis. Le cadavre de ton frère qui pourrit sous mes fenêtres, c'est assez payé pour que l'ordre règne dans Thèbes. Mon fils t'aime. Ne m'oblige pas à payer avec toi encore. J'ai assez payé.

ANTIGONE Non. Vous avez dit «oui». Vous ne vous arrêterez jamais de payer maintenant!

CRÉON *la secoue soudain, hors de lui* Mais, bon Dieu! Essaie de comprendre une minute, toi aussi, petite idiote! J'ai bien essayé de te comprendre, moi. Il faut pourtant qu'il y en ait qui disent oui. Il faut pourtant qu'il y en ait qui mènent la barque. Cela prend l'eau de toutes parts, c'est plein de crimes, de bêtise, de misère ... Et le gouvernail est là qui ballotte. L'équipage ne veut plus rien faire, il ne pense qu'à piller la cale et les officiers sont déjà en train de se construire un petit radeau confortable, rien que pour eux, avec toute la provision d'eau douce pour tirer au moins leurs os de là. Et le mât craque, et le vent siffle, et les voiles vont se

1	sourdement *adv*	qu'on entend à peine
2	**s'obstiner**	beharren
11	**le bleu**	marque laissée sur la peau par un coup
	tordre le ventre	in den Eingeweiden wühlen
18	**secouer qn**	schütteln
21	mener la barque	*ici, au figuré:* diriger, régner
	prendre l'eau	laisser entrer l'eau *(lecken)*
22	le gouvernail	Steuerruder
23	ballotter	être mal fixé
	piller qc	voler *(plündern)*
	la cale	partie la plus basse de l'intérieur d'un navire
24	le radeau	Floß
25	tirer ses os [o] de qc	se tirer d'affaire sans être blessé
26	le mât	Mast
	la voile	Segel

déchirer, et toutes ces brutes vont crever toutes ensemble, parce qu'elles ne pensent qu'à leur peau, à leur précieuse peau et à leurs petites affaires. Crois-tu, alors, qu'on a le temps de faire le raffiné, de savoir s'il faut dire «oui» ou «non», de se demander s'il ne faudra pas payer trop cher un jour et si on pourra encore être un homme après? On prend le bout de bois, on redresse devant la montagne d'eau, on gueule un ordre et on tire dans le tas, sur le premier qui s'avance. Dans le tas! Cela n'a pas de nom. C'est comme la vague qui vient de s'abattre sur le pont devant vous; le vent qui vous gifle, et la chose qui tombe dans le groupe n'a pas de nom. C'était peut-être celui qui t'avait donné du feu en souriant la veille. Il n'a plus de nom. Et toi non plus, tu n'as plus de nom, cramponné à la barre. Il n'y a plus que le bateau qui ait un nom et la tempête. Est-ce que tu le comprends, cela?

ANTIGONE *secoue la tête* Je ne veux pas comprendre. C'est bon pour vous. Moi je suis là pour autre chose que pour comprendre. Je suis là pour vous dire non et pour mourir.

CRÉON C'est facile de dire non!

ANTIGONE Pas toujours.

CRÉON Pour dire oui, il faut suer et retrousser ses manches, empoigner la vie à pleines mains et s'en mettre jusqu'aux coudes. C'est facile de dire non, même si on doit mourir. Il n'y a qu'à ne pas bouger et attendre. Attendre pour vivre, attendre même pour qu'on vous tue. C'est trop lâche. C'est une invention des hommes. Tu imagines un monde où les arbres aussi auraient dit non contre la sève, où les bêtes auraient dit non contre l'instinct de la chasse ou de l'amour? Les bêtes, elles au moins, sont bonnes et simples et dures. Elles vont, se poussant les unes après les autres, courageusement, sur le même chemin. Et si elles tombent, les

1	**crever** *pop*	mourir
5	le bout de bois	*ici:* la barre *(Ruderpinne)*
6	redresser	remettre droit; *ici:* remettre le navire dans la bonne direction
7	**le tas** [ta]	Haufen
8	s'abattre	tomber avec force
10	**la veille**	le jour avant
11	se cramponner	s'accrocher
	la barre	longue pièce de bois ou de métal servant à la manœuvre du gouvernail
12	**la tempête**	vent très fort
20	s'en mettre jusqu'aux coudes *fam*	y aller de toutes ses forces
23	**lâche**	qui n'a pas de courage
24	la sève	liquide végétal *(Saft)*

autres passent et il peut s'en perdre autant que l'on veut, il en restera toujours une de chaque espèce prête à refaire des petits et à reprendre le même chemin avec le même courage, toute pareille à celles qui sont passées avant.

ANTIGONE Quel rêve, hein, pour un roi, des bêtes! Ce serait si simple.

Une silence, Créon la regarde.

CRÉON Tu me méprises n'est-ce pas? *Elle ne répond pas, il continue comme pour lui* C'est drôle. Je l'ai souvent imaginé, ce dialogue avec un petit jeune homme pâle qui aurait essayé de me tuer et dont je ne pourrais rien tirer après que du mépris. Mais je ne pensais pas que ce serait avec toi et pour quelque chose d'aussi bête ... *Il a pris sa tête dans ses mains. On sent qu'il est à bout de forces.* Ecoute-moi tout de même pour la dernière fois. Mon rôle n'est pas bon, mais c'est mon rôle et je vais te faire tuer. Seulement, avant, je veux que toi aussi tu sois bien sûre du tien. Tu sais pourquoi tu vas mourir, Antigone? Tu sais au bas de quelle histoire sordide tu vas signer pour toujours ton petit nom sanglant?

ANTIGONE Quelle histoire?

CRÉON Celle d'Etéocle et de Polynice, celle de tes frères. Non, tu crois la savoir, tu ne la sais pas. Personne ne la sait dans Thèbes, que moi. Mais il me semble que toi, ce matin, tu as aussi le droit de l'apprendre *Il rêve un temps, la tête dans ses mains, accoudé sur ses genoux. On l'entend murmurer* Ce n'est pas bien beau, tu vas voir. *Et il commence sourdement sans regarder Antigone* Que te rappelles-tu de tes frères, d'abord? Deux compagnons de jeux qui te méprisaient sans doute, qui te cassaient tes poupées, se chuchotant éternellement des mystères à l'oreille l'un de l'autre pour te faire enrager?

ANTIGONE C'étaient des grands ...

CRÉON Après, tu as dû les admirer avec leurs premières cigarettes, leurs premiers pantalons longs; et puis ils ont commencé à sortir le soir, à sentir l'homme, et ils ne t'ont plus regardée du tout.

ANTIGONE J'étais une fille ...

2	**l'espèce** *f*	sorte, type
7	**mépriser qn**	avoir du mépris *(Verachtung)* pour lui
12	**à bout de forces**	épuisé
15	au bas de	à la fin de
16	sordide	sale
21	**accoudé,e sur**	appuyé sur les coudes *m pl (Ellbogen)*
25	**chuchoter**	parler à voix très basse
26	**faire enrager qn**	rendre furieux

CRÉON Tu voyais bien ta mère pleurer, ton père se mettre en colère, tu entendais claquer les portes à leur retour et leurs ricanements dans les couloirs. Et ils passaient devant toi, goguenards et veules, sentant le vin.

ANTIGONE Une fois, je m'étais cachée derrière une porte, c'était le matin, nous venions de nous lever, et eux, ils rentraient. Polynice m'a vue, il était tout pâle, les yeux brillants et si beau dans son vêtement du soir! Il m'a dit: «Tiens, tu es là, toi?» Et il m'a donné une grande fleur de papier qu'il avait rapportée de sa nuit.

CRÉON Et tu l'as conservée, n'est-ce pas, cette fleur? Et hier, avant de t'en aller, tu as ouvert ton tiroir et tu l'as regardée, longtemps, pour te donner du courage?

ANTIGONE *tressaille* Qui vous a dit cela?

CRÉON Pauvre Antigone, avec ta fleur de cotillon! Sais-tu qui était ton frère?

ANTIGONE Je savais que vous me diriez du mal de lui en tout cas!

CRÉON Un petit fêtard imbécile, un petit carnassier dur et sans âme, une petite brute tout juste bonne à aller plus vite que les autres avec ses voitures, à dépenser plus d'argent dans les bars. Une fois, j'étais là, ton père venait de lui refuser une grosse somme qu'il avait perdue au jeu; il est devenu tout pâle et il a levé le poing en criant un mot ignoble!

ANTIGONE Ce n'est pas vrai!

CRÉON Son poing de brute à toute volée dans le visage de ton père! C'était pitoyable. Ton père était assis à sa table, la tête dans ses mains. Il saignait du nez. Il pleurait. Et, dans un coin du bureau, Polynice, ricanant, qui allumait une cigarette.

ANTIGONE *supplie presque maintenant* Ce n'est pas vrai!

CRÉON Rappelle-toi, tu avais douze ans. Vous ne l'avez pas revu pendant longtemps. C'est vrai, cela?

ANTIGONE *sourdement* Oui, c'est vrai.

2	le ricanement	rire méchant
3	goguenard,e	moqueur
	veule	sans énergie
12	tressaillir	sursauter
13	le cotillon	*ici:* accessoire de papier (fleur, confettis)
16	le fêtard *péj*	personne qui ne pense qu'à faire la fête
	le carnassier	*ici, pour une personne:* tueur féroce
20	**le poing**	main fermée
	un mot ignoble	*ici:* injure
22	à toute volée	avec force
23	**pitoyable**	lamentable *(erbärmlich)*

CRÉON C'était après cette dispute. Ton père n'a pas voulu le faire juger. Il s'est engagé dans l'armée argyenne. Et, dès qu'il a été chez les Argyens, la chasse à l'homme a commencé contre ton père, contre ce vieil homme qui ne se décidait pas à mourir, à lâcher son royaume. Les attentats se succédaient et les tueurs que nous prenions finissaient toujours par avouer qu'ils avaient reçu de l'argent de lui. Pas seulement de lui, d'ailleurs. Car c'est cela que je veux que tu saches, les coulisses de ce drame où tu brûles de jouer un rôle, la cuisine. J'ai fait faire hier des funérailles grandioses à Etéocle. Etéocle est un héros et un saint pour Thèbes maintenant. Tout le peuple était là. Les enfants des écoles ont donné tous les sous de leur tirelire pour la couronne; des vieillards, faussement émus, ont magnifié, avec des trémolos dans la voix, le bon frère, le fils fidèle d'Œdipe, le prince loyal. Moi aussi, j'ai fait un discours. Et tous les prêtres de Thèbes au grand complet, avec la tête de circonstance. Et les honneurs militaires ... Il fallait bien. Tu penses que je ne pouvais tout de même pas m'offrir le luxe d'une crapule dans les deux camps. Mais je vais te dire quelque chose, à toi, quelque chose que je sais seul, quelque chose d'effroyable: Etéocle, ce prix de vertu, ne valait pas plus cher que Polynice. Le bon fils avait essayé, lui aussi, de faire assassiner son père, le prince loyal avait décidé, lui aussi, de vendre Thèbes au plus offrant. Oui, crois-tu que c'est drôle? Cette trahison pour laquelle le corps de Polynice est en train de pourrir au soleil, j'ai la preuve maintenant qu'Etéocle, qui dort dans son tombeau de marbre, se préparait, lui aussi, à la commettre.

2	argyen, ne	qui se rapporte aux Argyens, habitants de la province grecque d'Argos
4	**lâcher**	*ici:* abandonner
5	**se succéder**	se suivre l'un l'autre
8	les funérailles *f pl*	cérémonie de l'enterrement
11	le sou	pièce de 5 centimes (monnaie ancienne)
	la tirelire	Sparbüchse
12	magnifier qn	faire l'éloge *(lobpreisen)*
	le trémolo	tremblement causé par l'émotion
14	au grand complet	tous ensemble
	avec la tête de circonstance	avec une expression grave et triste *(mit Trauermiene)*
16	la crapule *péj*	individu immoral
18	**effroyable**	qui fait peur
	ce prix de vertu	cet homme qui se distingue par ses vertus *(Ausbund an Tugend)*
19	**faire assassiner qn**	faire tuer qn
20	au plus offrant	à celui qui paie le plus d'argent
23	**le tombeau**	petit monument placé sur la tombe *(Grabmal)*
	le marbre	Marmor

C'est un hasard si Polynice a réussi son coup avant lui. Nous avions affaire à deux larrons en foire qui se trompaient l'un l'autre en nous trompant et qui se sont égorgés comme deux petits voyous qu'ils étaient, pour un règlement de comptes ... Seulement, il s'est trouvé que j'ai eu besoin de faire un héros de l'un d'eux. Alors, j'ai fait rechercher leurs cadavres au milieu des autres. On les a retrouvés embrassés – pour la première fois de leur vie sans doute. Ils s'étaient embrochés mutuellement, et puis la charge de la cavalerie argyenne leur avait passé dessus. Ils étaient en bouillie, Antigone, méconnaissables. J'ai fait ramasser un des corps, le moins abîmé des deux, pour mes funérailles nationales, et j'ai donné l'ordre de laisser pourrir l'autre où il était. Je ne sais même pas lequel. Et je t'assure que cela m'est égal.

Il y a un long silence, ils ne bougent pas, sans se regarder, puis Antigone dit doucement:

ANTIGONE Pourquoi m'avez-vous raconté cela?

Créon se lève, remet sa veste.

CRÉON Valait-il mieux te laisser mourir dans cette pauvre histoire?

ANTIGONE Peut-être. Moi, je croyais.

Il y a un silence encore. Créon s'approche d'elle.

CRÉON Qu'est-ce que tu vas faire maintenant?

ANTIGONE *se lève comme une somnambule* Je vais remonter dans ma chambre.

CRÉON Ne reste pas trop seule. Va voir Hémon, ce matin. Marie-toi vite.

ANTIGONE *dans un souffle* Oui.

CRÉON Tu as toute ta vie devant toi. Notre discussion était bien oiseuse, je t'assure. Tu as ce trésor, toi, encore.

2	des larrons en foire	complices qui s'entendent pour tromper les autres
3	s'égorger	se couper la gorge *(Kehle)*
4	le règlement de comptes	vengeance *(Abrechnung)*
7	s'embrocher	se transpercer l'un l'autre avec des lances ou des épées
	mutuellement *adv*	l'un l'autre
8	**la charge**	attaque
9	en bouillie	écrasé
	méconnaissable	qu'on ne peut plus reconnaître *(unkenntlich)*
10	abîmé,e	*ici:* en très mauvais état
21	le, la somnambule	personne qui marche et parle en dormant
25	oiseux,se	vain, inutile
26	**le trésor**	qc de très précieux

ANTIGONE Oui.

CRÉON Rien d'autre ne compte. Et tu allais le gaspiller! Je te comprends, j'aurais fait comme toi à vingt ans. C'est pour cela que je buvais tes paroles. J'écoutais du fond du temps un petit Créon maigre et pâle comme toi et qui ne pensait qu'à tout donner lui aussi ... Marie-toi vite, Antigone, sois heureuse. La vie n'est pas ce que tu crois. C'est une eau que les jeunes gens laissent couler sans le savoir, entre leurs doigts ouverts. Ferme tes mains, ferme tes mains, vite. Retiens-la. Tu verras, cela deviendra une petite chose dure et simple qu'on grignote, assis au soleil. Ils te diront tous le contraire parce qu'ils ont besoin de ta force et de ton élan. Ne les écoute pas. Ne m'écoute pas quand je ferai mon prochain discours devant le tombeau d'Etéocle. Ce ne sera pas vrai. Rien n'est vrai que ce qu'on ne dit pas ... Tu l'apprendras toi aussi, trop tard, la vie c'est un livre qu'on aime, c'est un enfant qui joue à vos pieds, un outil qu'on tient bien dans sa main, un banc pour se reposer le soir devant sa maison. Tu vas me mépriser encore, mais de découvrir cela, tu verras, c'est la consolation dérisoire de vieillir, la vie, ce n'est peut-être tout de même que le bonheur.

ANTIGONE *murmure, le regard perdu* Le bonheur ...

CRÉON *a un peu honte soudain* Un pauvre mot, hein?

ANTIGONE *doucement* Quel sera-t-il, mon bonheur? Quelle femme heureuse deviendra-t-elle, la petite Antigone? Quelles pauvretés faudra-t-il qu'elle fasse elle aussi, jour par jour, pour arracher avec ses dents son petit lambeau de bonheur? Dites, à qui devra-t-elle mentir, à qui sourire, à qui se vendre? Qui devra-t-elle laisser mourir en détournant le regard?

CRÉON *hausse les épaules* Tu es folle, tais-toi.

ANTIGONE Non, je ne me tairai pas! Je veux savoir comment je m'y prendrai, moi aussi, pour être heureuse. Tout de suite, puisque c'est tout de suite qu'il faut choisir. Vous dites que c'est si beau la vie. Je veux savoir comment je m'y prendrai pour vivre.

CRÉON Tu aimes Hémon?

9	grignoter qc	manger par petits morceaux, du bout des dents
11	**l'élan** *m*	énergie, dynamisme
15	**un outil** [uti]	instrument, ustensile
17	**la consolation**	Trost
22	des pauvretés *péj*	actes indignes et misérables
24	le lambeau (-x)	Fetzen
25	**détourner le regard**	regarder de l'autre côté
30	s'y prendre pour faire qc	agir d'une certaine manière pour obtenir un résultat *(sich anstellen)*

ANTIGONE Oui, j'aime Hémon. J'aime un Hémon dur et jeune; un Hémon exigeant et fidèle, comme moi. Mais si votre vie, votre bonheur doivent passer sur lui avec leur usure, si Hémon ne doit plus pâlir quand je pâlis, s'il ne doit plus me croire morte quand je suis en retard de cinq minutes, s'il ne doit plus se sentir seul au monde et me détester quand je ris sans qu'il sache pourquoi, s'il doit devenir près de moi le monsieur Hémon, s'il doit apprendre à dire «oui», lui aussi, alors je n'aime plus Hémon!

CRÉON Tu ne sais plus ce que tu dis. Tais-toi.

ANTIGONE Si, je sais ce que je dis, mais c'est vous qui ne m'entendez plus. Je vous parle de trop loin maintenant, d'un royaume où vous ne pouvez plus entrer avec vos rides, votre sagesse, votre ventre *Elle rit* Ah! je ris, Créon, je ris parce que je te vois à quinze ans, tout d'un coup! C'est le même air d'impuissance et de croire qu'on peut tout. La vie t'a seulement ajouté tous ces petits plis sur le visage et cette graisse autour de toi.

CRÉON *la secoue* Te tairas-tu, enfin?

ANTIGONE Pourquoi veux-tu me faire taire? Parce que tu sais que j'ai raison? Tu crois que je ne lis pas dans tes yeux que tu le sais? Tu sais que j'ai raison, mais tu ne l'avoueras jamais parce que tu es en train de défendre ton bonheur en ce moment comme un os.

CRÉON Le tien et le mien, oui, imbécile!

ANTIGONE Vous me dégoûtez tous avec votre bonheur! Avec votre vie qu'il faut aimer coûte que coûte. On dirait des chiens qui lèchent tout ce qu'ils trouvent. Et cette petite chance pour tous les jours, si on n'est pas trop exigeant. Moi, je veux tout, tout de suite, – et que ce soit entier – ou alors je refuse! Je ne veux pas être modeste, moi, et me contenter d'un petit morceau si j'ai été bien sage. Je veux être sûre de tout aujourd'hui et que cela soit aussi beau que quand j'étais petite – ou mourir.

CRÉON Allez, commence, commence, comme ton père!

ANTIGONE Comme mon père, oui! Nous sommes de ceux qui posent les questions jusqu'au bout. Jusqu'à ce qu'il ne reste vraiment plus la petite chance d'espoir vivante, la plus petite chance d'espoir à étrangler. Nous

2	exigeant,e	qui demande beaucoup *(anspruchsvoll)*
3	l'usure *f*	le fait d'user qc *(abnutzen)*
5	**détester qn**	haïr
11	la sagesse	qualité de celui qui est sage *(weise)*
13	**l'impuissance** *f*	faiblesse
19	... comme un os [ɔs]	comme un chien défend l'os qu'il est en train de ronger
22	**lécher qc**	passer la langue
25	**modeste**	qui n'exige pas beaucoup de l'existence
31	étrangler	*ici:* saisir et tenir fermement

sommes de ceux qui lui sautent dessus quand ils le rencontrent, votre espoir, votre cher espoir, votre sale espoir!

CRÉON Tais-toi! Si tu te voyais criant ces mots, tu es laide.

ANTIGONE Oui, je suis laide! C'est ignoble, n'est-ce pas, ces cris, ces sursauts, cette lutte de chiffonniers. Papa n'est devenu beau qu'après, quand il a été bien sûr, enfin, qu'il avait tué son père, que c'était bien avec sa mère qu'il avait couché, et que rien, plus rien, ne pouvait le sauver. Alors, il s'est calmé tout d'un coup, il a eu comme un sourire, et il est devenu beau. C'était fini. Il n'a plus eu qu'à fermer les yeux pour ne plus vous voir! Ah! vos têtes, vos pauvres têtes de candidats au bonheur! C'est vous qui êtes laids, même les plus beaux. Vous avez tous quelque chose de laid au coin de l'œil ou de la bouche. Tu l'as bien dit tout à l'heure, Créon, la cuisine. Vous avez des têtes de cuisiniers!

CRÉON *lui broie le bras* Je t'ordonne de te taire maintenant, tu entends?

ANTIGONE Tu m'ordonnes, cuisinier? Tu crois que tu peux m'ordonner quelque chose?

CRÉON L'antichambre est pleine de monde. Tu veux donc te perdre? On va t'entendre.

ANTIGONE Eh bien, ouvre les portes. Justement, ils vont m'entendre!

CRÉON *qui essaie de lui fermer la bouche de force* Vas-tu te taire, enfin, bon Dieu?

ANTIGONE *se débat* Allons vite, cuisinier! Appelle tes gardes!

La porte s'ouvre. Entre Ismène.

ISMÈNE *dans un cri* Antigone!

ANTIGONE Qu'est-ce que tu veux, toi aussi?

ISMÈNE Antigone, pardon! Antigone, tu vois, je viens, j'ai du courage. J'irai maintenant avec toi.

ANTIGONE Où iras-tu avec moi?

ISMÈNE Si vous la faites mourir, il faudra me faire mourir avec elle!

ANTIGONE Ah! non. Pas maintenant. Pas toi! C'est moi, c'est moi seule. Tu ne te figures pas que tu vas venir mourir avec moi maintenant. Ce serait trop facile!

ISMÈNE Je ne veux pas vivre si tu meurs, je ne veux pas rester sans toi!

1	sauter dessus *fam*	sauter sur qn, attaquer
4	le sursaut	mouvement soudain provoqué par une forte émotion
5	le chiffonnier	celui dont le métier consiste à ramasser les vieux chiffons *(Lumpen)*
14	broyer	*ici:* saisir brutalement pour faire mal
17	une antichambre	Vorzimmer

ANTIGONE Tu as choisi la vie et moi la mort. Laisse-moi maintenant avec tes jérémiades. Il fallait y aller ce matin, à quatre pattes, dans la nuit. Il fallait aller gratter la terre avec tes ongles pendant qu'ils étaient tout près et te faire empoigner par eux comme une voleuse!

ISMÈNE Eh bien, j'irai demain!

ANTIGONE Tu l'entends, Créon? Elle aussi. Qui sait si cela ne vas pas prendre à d'autres encore, en m'écoutant? Qu'est-ce que tu attends pour me faire taire, qu'est-ce que tu attends pour appeler tes gardes? Allons, Créon, un peu de courage, ce n'est qu'un mauvais moment à passer, Allons, cuisinier, puisqu'il le faut!

CRÉON *crie soudain* Gardes!

Les gardes apparaissent aussitôt.

CRÉON Emmenez-la.

ANTIGONE *dans un grand cri soulagé* Enfin, Créon!

Les gardes se jettent sur elle et l'emmènent. Ismène sort en criant derrière elle.

ISMÈNE Antigone! Antigone!

Créon est resté seul, le chœur entre et va à lui.

LE CHŒUR Tu es fou, Créon. Qu'as-tu fait?

CRÉON *qui regarde au loin devant lui* Il fallait qu'elle meure.

LE CHŒUR Ne laisse pas mourir Antigone, Créon! Nous allons tous porter cette plaie au côté, pendant des siècles.

CRÉON C'est elle qui voulait mourir. Aucun de nous n'était assez fort pour la décider à vivre. Je le comprends maintenant, Antigone était faite pour être morte. Elle-même ne le savait peut-être pas, mais Polynice n'était qu'un prétexte. Quand elle a dû y renoncer, elle a trouvé autre chose tout de suite. Ce qui importait pour elle, c'était de refuser et de mourir.

LE CHŒUR C'est une enfant, Créon.

CRÉON Que veux-tu que je fasse pour elle? La condamner à vivre?

HÉMON *entre en criant* Père!

CRÉON *court à lui, l'embrasse* Oublie-la, Hémon; oublie-la, mon petit.

HÉMON Tu es fou, père. Lâche-moi.

2	les jérémiades *f pl*	lamentations, plaintes sans fin
	à quatre pattes	auf allen vieren
7	prendre à qn	saisir, telle une maladie *(befallen)*
14	**soulagé,e**	débarrassé d'une peur, d'une douleur etc.
22	**la plaie au côté**	blessure au côté (comme Jésus-Christ)

CRÉON *le tient plus fort* J'ai tout essayé pour la sauver, Hémon. J'ai tout essayé, je te le jure. Elle ne t'aime pas. Elle aurait pu vivre. Elle a préféré sa folie et la mort.

HÉMON *crie, tentant de s'arracher à son étreinte* Mais, père, tu vois bien qu'ils l'emmènent! Père, ne laisse pas ces hommes l'emmener!

CRÉON Elle a parlé maintenant. Tout Thèbes sait ce qu'elle a fait. Je suis obligé de la faire mourir.

HÉMON *s'arrache de ses bras* Lâche-moi!

Un silence. Ils sont l'un en face de l'autre. Ils se regardent.

LE CHŒUR *s'approche* Est-ce qu'on ne peut pas imaginer quelque chose, dire qu'elle est folle, l'enfermer?

CRÉON Ils diront que ce n'est pas vrai. Que je la sauve parce qu'elle allait être la femme de mon fils. Je ne peux pas.

LE CHŒUR Est-ce qu'on ne peut pas gagner du temps, la faire fuir demain?

CRÉON La foule sait déjà, elle hurle autour du palais. Je ne peux pas.

HÉMON Père, la foule n'est rien. Tu es le maître.

CRÉON Je suis le maître avant la loi. Plus après.

HÉMON Père, je suis ton fils, tu ne peux pas me la laisser prendre.

CRÉON Si, Hémon. Si, mon petit. Du courage. Antigone ne peut plus vivre. Antigone nous a déjà quittés tous.

HÉMON Crois-tu que je pourrai vivre, moi, sans elle? Crois-tu que je l'accepterai, votre vie? Et tous les jours, depuis le matin jusqu'au soir, sans elle. Et votre agitation, votre bavardage, votre vide, sans elle.

CRÉON Il faudra bien que tu acceptes, Hémon. Chacun de nous a un jour, plus ou moins triste, plus ou moins lointain, où il doit enfin accepter d'être un homme. Pour toi, c'est aujourd'hui ... Et te voilà devant moi avec ces larmes au bord de tes yeux et ton cœur qui te fait mal – mon petit garçon, pour la dernière fois ... Quand tu te seras détourné, quand tu auras franchi ce seuil tout à l'heure, ce sera fini.

HÉMON *recule un peu et dit doucement* C'est déjà fini.

CRÉON Ne me juge pas, Hémon. Ne me juge pas, toi aussi.

HÉMON *le regarde et dit soudain* Cette grande force et ce courage, ce dieu géant qui m'enlevait dans ses bras et me sauvait des monstres et des ombres, c'était toi? Cette odeur défendue et ce bon pain du soir sous la

4	une étreinte	Umarmung
23	**l'agitation**	excitation
	le bavardage	*ici, péj:* paroles vides et inutiles
29	**franchir le seuil**	passer le pas de la porte
33	**géant,e**	gigantesque, énorme

lampe, quand tu me montrais des livres dans ton bureau, c'était toi, tu crois?

CRÉON *humblement* Oui, Hémon.

HÉMON Tous ces soins, tout cet orgueil, tous ces livres pleins de héros, c'était donc pour en arriver là? Etre un homme, comme tu dis, et trop heureux de vivre?

CRÉON Oui, Hémon.

HÉMON *crie soudain comme un enfant se jetant dans ses bras* Père, ce n'est pas vrai! Ce n'est pas toi, ce n'est pas aujourd'hui! Nous ne sommes pas tous les deux au pied de ce mur où il faut seulement dire oui. Tu es encore puissant, toi, comme lorsque j'étais petit. Ah! je t'en supplie, père, que je t'admire, que je t'admire encore! Je suis trop seul et le monde est trop nu si je ne peux plus t'admirer.

CRÉON *le détache de lui* On est tout seul, Hémon. Le monde est nu. Et tu m'as admiré trop longtemps. Regarde-moi, c'est cela devenir un homme, voir le visage de son père en face, un jour.

HÉMON *le regarde, puis recule en criant* Antigone! Antigone! Au secours!

Il est sorti en courant.

LE CHŒUR *va à Créon* Créon, il est sorti comme un fou.

CRÉON *qui regarde au loin, droit devant lui, immobile* Oui. Pauvre petit, il l'aime.

LE CHŒUR Créon, il faut faire quelque chose.

CRÉON Je ne peux plus rien.

LE CHŒUR Il est parti, touché à mort.

CRÉON *sourdement* Oui, nous sommes tous touchés à mort.

Antigone entre dans la pièce, poussée par les gardes qui s'arc-boutent contre la porte, derrière laquelle on devine la foule hurlante.

LE GARDE Chef, ils envahissent le palais!

ANTIGONE Créon, je ne veux plus voir leurs visages, je ne veux plus entendre leurs cris, je ne veux plus voir personne! Tu as ma mort maintenant, c'est assez. Fais que je ne voie plus personne jusqu'à ce que ce soit fini.

CRÉON *sort en criant aux gardes* La garde aux portes! Qu'on vide le palais! Reste ici avec elle, toi.

10	au pied de ce mur	*ici, au figuré:* dans une situation désespérée et sans issue
24	touché,e	*ici:* blessé
26	s'arc-bouter	sich stemmen
27	**deviner**	supposer
28	**envahir (un lieu)**	pénétrer de force

Les deux autres gardes sortent, suivis par le chœur. Antigone reste seule avec le premier garde. Antigone le regarde.

ANTIGONE *dit soudain* Alors, c'est toi?

LE GARDE Qui, moi?

ANTIGONE Mon dernier visage d'homme.

LE GARDE Faut croire.

ANTIGONE Que je te regarde ...

LE GARDE *s'éloigne, gêné* Ça va.

ANTIGONE C'est toi qui m'as arrêtée, tout à l'heure?

LE GARDE Oui, c'est moi.

ANTIGONE Tu m'as fait mal. Tu n'avais pas besoin de me faire mal. Est-ce que j'avais l'air de vouloir me sauver?

LE GARDE Allez, allez, pas d'histoires! Si ce n'était pas vous, c'était moi qui y passais.

ANTIGONE Quel âge as-tu?

LE GARDE Trente-neuf ans.

ANTIGONE Tu as des enfants?

LE GARDE Oui, deux.

ANTIGONE Tu les aimes?

LE GARDE Cela ne vous regarde pas.

Il commence à faire les cent pas dans la pièce: pendant un moment, on n'entend plus que le bruit de ses pas.

ANTIGONE *demande tout humble* Il y a longtemps que vous êtes garde?

LE GARDE Après la guerre. J'étais sergent. J'ai rengagé.

ANTIGONE Il faut être sergent pour être garde?

LE GARDE En principe, oui. Sergent ou avoir suivi le peloton spécial. Devenu garde, le sergent perd son grade. Un exemple: je rencontre une recrue de l'armée, elle peut ne pas me saluer.

ANTIGONE Ah oui?

LE GARDE Oui. Remarquez que, généralement, elle le fait. La recrue sait que le garde est un gradé. Question solde: on a la solde ordinaire du

14	y passer *fam*	mourir
21	faire les cent pas	attendre en marchant de long en large
24	le sergent	Unteroffizier
	rengager	reprendre du service
26	suivre le peloton spécial	prendre part à une formation spéciale
28	la recrue	jeune homme qui est soldat depuis peu
31	question ...	en ce qui concerne ...

garde, comme ceux du peloton spécial, et, pendant six mois, à titre de gratification, un rappel de supplément de la solde de sergent. Seulement, comme garde, on a d'autres avantages. Logement, chauffage, allocations. Finalement, le garde marié avec deux enfants arrive à se faire plus que le sergent de l'active.

ANTIGONE Ah oui?

LE GARDE Oui. C'est ce qui vous explique la rivalité entre le garde et le sergent. Vous avez peut-être pu remarquer que le sergent affecte de mépriser le garde. Leur grand argument, c'est l'avancement. D'un sens, c'est juste. L'avancement du garde est plus lent et plus difficile que dans l'armée. Mais vous ne devez pas oublier qu'un brigadier des gardes, c'est autre chose qu'un sergent chef.

ANTIGONE *lui dit soudain* Ecoute ...

LE GARDE Oui.

ANTIGONE Je vais mourir tout à l'heure.

Le garde ne répond pas. Un silence. Il fait les cent pas. Au bout d'un moment, il reprend.

LE GARDE D'un autre côté, on a plus de considération pour le garde que pour le sergent de l'active. Le garde, c'est un soldat, mais c'est presque un fonctionnaire.

ANTIGONE Tu crois qu'on a mal pour mourir?

LE GARDE Je ne peux pas vous dire. Pendant la guerre, ceux qui étaient touchés au ventre, ils avaient mal. Moi, je n'ai jamais été blessé. Et, d'un sens, ça m'a nui pour l'avancement.

ANTIGONE Comment vont-ils me faire mourir?

1	**à titre de**	comme, en tant que
2	la gratification	argent donné en plus de la paye ordinaire
	le rappel	*ici:* paiement supplémentaire *(Nachzahlung)*
	le supplément	somme payée en plus
3	**une allocation**	Zuschuß
5	l'active *f*	armée en service
8	**affecter de faire qc**	faire semblant
9	l'avancement *m*	*ici:* carrière
11	le brigadier	Gendarmerie-Unteroffizier
12	le sergent chef	Stabs-Unteroffizier
18	**la considération**	estime, respect
24	**nuire à qn**	être défavorable *(schaden)*

LE GARDE Je ne sais pas. Je crois que j'ai entendu dire que pour ne pas souiller la ville de votre sang, ils allaient vous murer dans un trou.

ANTIGONE Vivante?

LE GARDE Oui, d'abord.

Un silence. Le garde se fait une chique.

ANTIGONE O tombeau! O lit nuptial! O ma demeure souterraine! ... *Elle est toute petite au milieu de la grande pièce nue. On dirait qu'elle a un peu froid. Elle s'entoure de ses bras. Elle murmure* Toute seule ...

LE GARDE *qui a fini sa chique* Aux cavernes de Hadès, aux portes de la ville. En plein soleil. Une drôle de corvée encore pour ceux qui seront de faction. Il avait d'abord été question d'y mettre l'armée. Mais, aux dernières nouvelles, il paraît que c'est encore la garde qui fournira les piquets. Elle a bon dos, la garde! Etonnez-vous après qu'il existe une jalousie entre le garde et le sergent d'active ...

ANTIGONE *murmure, soudain lasse* Deux bêtes ...

LE GARDE Quoi, deux bêtes?

ANTIGONE Des bêtes se serreraient l'une contre l'autre pour se faire chaud. Je suis toute seule.

LE GARDE Si vous avez besoin de quelque chose, c'est différent. Je peux appeler.

ANTIGONE Non. Je voudrais seulement que tu remettes une lettre à quelqu'un quand je serai morte.

LE GARDE Comment ça, une lettre?

ANTIGONE Une lettre que j'écrirai.

LE GARDE Ah! ça non! Pas d'histoires! Une lettre! Comme vous y allez, vous! Je risquerais gros, moi, à ce petit jeu-là!

2	**souiller**	salir
	murer qn	l'enfermer dans un endroit dont on bouche les sorties par un mur
6	nuptial,e	qui a rapport au mariage
	la demeure	logement, maison
	souterrain,e	qui se trouve sous terre
9	**la caverne**	espace vide sous le sol ou sous un rocher
	Hadès [adɛs]	dieu des Enfers; lieu où, selon la mythologie grecque, se trouvent les morts
10	la corvée	travail très dur, besogne
11	être de faction	être de garde
13	elle a bon dos *fam*	on peut la charger, l'accuser de tout *(mit ihr kann man es ja machen)*
14	**la jalousie**	sentiment d'envie
26	**risquer gros** *fam*	courir de grands risques

ANTIGONE Je te donnerai cet anneau si tu acceptes.

LE GARDE C'est de l'or?

ANTIGONE Oui. C'est de l'or.

LE GARDE Vous comprenez, si on me fouille, moi, c'est le conseil de guerre. Cela vous est égal à vous? *Il regarde encore la bague* Ce que je peux, si vous voulez, c'est écrire sur mon carnet ce que vous auriez voulu dire. Après, j'arracherai la page. De mon écriture, ce n'est pas pareil.

ANTIGONE *a les yeux fermés: elle murmure avec un pauvre rictus* Ton écriture … *Elle a un petit frisson* C'est trop laid, tout cela, tout est trop laid.

LE GARDE *vexé, fait mine de rendre la bague* Vous savez, si vous ne voulez pas, moi …

ANTIGONE Si. Garde la bague et écris. Mais fais vite … J'ai peur que nous n'ayons plus le temps … Ecris: «Mon chéri …»

LE GARDE *qui a pris son carnet et suce sa mine* C'est pour votre bon ami?

ANTIGONE Mon chéri, j'ai voulu mourir et tu ne vas peut-être plus m'aimer …

LE GARDE *répète lentement de sa grosse voix en écrivant* «Mon chéri, j'ai voulu mourir et tu ne vas peut-être plus m'aimer…»

ANTIGONE Et Créon avait raison, c'est terrible, maintenant, à côté de cet homme, je ne sais plus pourquoi je meurs. J'ai peur …

LE GARDE *qui peine sur sa dictée* «Créon avait raison, c'est terrible …»

ANTIGONE Oh! Hémon, notre petit garçon. Je le comprends seulement maintenant combien c'était simple de vivre …

LE GARDE *s'arrête* Eh! dites, vous allez trop vite. Comment voulez-vous que j'écrive? Il faut le temps tout de même …

ANTIGONE Où en étais-tu?

LE GARDE *se relit* «C'est terrible maintenant à côté de cet homme …»

ANTIGONE Je ne sais plus pourquoi je meurs.

1	**un anneau (-x)**	bague
4	**fouiller qn**	chercher ce qu'il peut cacher dans ses vêtements
6	**le carnet**	petit cahier
7	**ce n'est pas pareil**	ce n'est pas la même chose
8	le rictus [riktys]	sourire grimaçant
9	**le frisson**	le fait de trembler soudain sous l'effet d'une émotion
11	**vexé,e**	fâché, très mécontent
	faire mine de	faire comme si *(sich anschicken)*
15	sucer	*ici:* mouiller avec les lèvres
22	**peiner**	faire un grand effort
28	se relire	lire ce qu'on a écrit

LE GARDE *écrit, suçant sa mine* «Je ne sais plus pourquoi je meurs ...» On ne sait jamais pourquoi on meurt.

ANTIGONE *continue* J'ai peur ... *Elle s'arrête. Elle se dresse soudain* Non. Raye tout cela. Il vaut mieux que jamais personne ne sache. C'est comme s'ils devaient me voir nue et me toucher quand je serai morte. Mets seulement: «Pardon.»

LE GARDE Alors, je raye la fin et je mets pardon à la place?

ANTIGONE Oui. Pardon, mon chéri. Sans la petite Antigone, vous auriez tous été bien tranquilles. Je t'aime ...

LE GARDE «Sans la petite Antigone, vous auriez tous été bien tranquilles. Je t'aime ...» c'est tout?

ANTIGONE Oui, c'est tout.

LE GARDE C'est une drôle de lettre.

ANTIGONE Oui, c'est une drôle de lettre.

LE GARDE Et c'est à qui qu'elle est adressée?

A ce moment, la porte s'ouvre. Les autres gardes paraissent. Antigone se lève, les regarde, regarde le premier garde qui s'est dressé derrière elle, il empoche la bague et range le carnet, l'air important ... Il voit le regard d'Antigone. Il gueule pour se donner une contenance.

LE GARDE Allez! pas d'histoires!

Antigone a un pauvre sourire. Elle baisse la tête. Elle s'en va sans un mot vers les autres gardes. Ils sortent tous.

LE CHŒUR *entre soudain* Là! C'est fini pour Antigone. Maintenant, le tour de Créon approche. Il va falloir qu'ils y passent tous.

LE MESSAGER *fait irruption, criant* La reine? où est la reine?

LE CHŒUR Que lui veux-tu? Qu'as-tu à lui apprendre?

LE MESSAGER Une terrible nouvelle. On venait de jeter Antigone dans son trou. On n'avait pas encore fini de rouler les derniers blocs de pierre lorsque Créon et tous ceux qui l'entourent entendent des plaintes qui sortent soudain du tombeau. Chacun se tait et écoute, car ce n'est pas la voix d'Antigone. C'est une plainte nouvelle qui sort des profondeurs du trou ... Tous regardent Créon, et lui qui a deviné le premier, lui qui sait déjà avant tous les autres, hurle soudain comme un fou: «Enlevez les

4 rayer — barrer *(ausstreichen)*
3 **empocher qc** — le mettre en poche
9 se donner une contenance — *ici:* cacher son trouble
25 faire irruption — entrer brusquement

pierres! Enlevez les pierres!» Les esclaves se jettent sur les blocs entassés et, parmi eux, le roi suant, dont les mains saignent. Les pierres bougent enfin et le plus mince se glisse dans l'ouverture. Antigone est au fond de la tombe pendue aux fils de sa ceinture, des fils bleus, des fils verts, des fils rouges qui lui font comme un collier d'enfant, et Hémon à genoux qui la tient dans ses bras et gémit, le visage enfoui dans sa robe. On bouge un bloc encore et Créon peut enfin descendre. On voit ses cheveux blancs dans l'ombre, au fond du trou. Il essaie de relever Hémon, il le supplie. Hémon ne l'entend pas. Puis soudain il se dresse, les yeux noirs, et il n'a jamais tant ressemblé au petit garçon d'autrefois, il regarde son père sans rien dire, une minute, et, tout à coup, il lui crache au visage, et tire son épée. Créon a bondi hors de portée. Alors Hémon le regarde avec ses yeux d'enfant, lourds de mépris, et Créon ne peut pas éviter ce regard comme la lame. Hémon regarde ce vieil homme tremblant à l'autre bout de la caverne et, sans rien dire, il se plonge l'épée dans le ventre et il s'étend contre Antigone, l'embrassant dans une immense flaque rouge.

CRÉON *entre avec son page* Je les ai fait coucher l'un près de l'autre, enfin! Ils sont lavés, maintenant, reposés. Ils sont seulement un peu pâles, mais si calmes. Deux amants au lendemain de la première nuit. Ils ont fini, eux.

LE CHŒUR Pas toi, Créon. Il te reste encore quelque chose à apprendre. Eurydice, la reine, ta femme ...

CRÉON Une bonne femme parlant toujours de son jardin, de ses confitures, de ses tricots, de ses éternels tricots pour les pauvres. C'est drôle comme les pauvres ont éternellement besoin de tricots. On dirait qu'ils n'ont besoin que de tricots ...

1	**entassé,e**	mis l'un sur l'autre
3	**mince**	petit et svelte *(schlank)*
4	pendu,e	mort par pendaison *f (Erhängen)*
	le fil [fil]	Faden
	la ceinture	Gürtel
6	enfouir	enfoncer
12	l'épée *f*	arme à longue lame *(Schwert)*
	bondir	sauter
	hors de portée	außer Reichweite
14	la lame	Klinge
15	se plonger (qc dans le ventre)	s'enfoncer
16	la flaque	Pfütze
19	**un amant**	amoureux
24	le tricot	Strickzeug

LE CHŒUR Les pauvres de Thèbes auront froid cet hiver, Créon. En apprenant la mort de son fils, la reine a posé ses aiguilles, sagement, après avoir terminé son rang, posément, comme tout ce qu'elle fait, un peu plus tranquillement peut-être que d'habitude. Et puis elle est passée dans sa chambre, sa chambre à l'odeur de lavande, aux petits napperons brodés et aux cadres de peluche, pour s'y couper la gorge, Créon. Elle est étendue maintenant sur un des petits lits jumeaux démodés, à la même place où tu l'as vue jeune fille un soir, et avec le même sourire, à peine un peu plus triste. Et s'il n'y avait pas cette large tache rouge sur les linges autour de son cou, on pourrait croire qu'elle dort.

CRÉON Elle aussi. Ils dorment tous. C'est bien. La journée a été rude. *Un temps. Il dit sourdement* Cela doit être bon de dormir.

LE CHŒUR Et tu es tout seul maintenant, Créon.

CRÉON Tout seul, oui. *Un silence. Il pose sa main sur l'épaule de son page.* Petit ...

LE PAGE Monsieur?

CRÉON Je vais te dire à toi. Ils ne savent pas, les autres; on est là, devant l'ouvrage, on ne peut pourtant pas se croiser les bras. Ils disent que c'est une sale besogne, mais si on ne la fait pas, qui la fera?

LE PAGE Je ne sais pas, monsieur.

CRÉON Bien sûr, tu ne sais pas. Tu en as de la chance! Ce qu'il faudrait, c'est ne jamais savoir. Il te tarde d'être grand, toi?

LE PAGE Oh oui, monsieur!

CRÉON Tu es fou, petit. Il faudrait ne jamais devenir grand. *L'heure sonne au loin, il murmure* Cinq heures. Qu'est-ce que nous avons aujourd'hui à cinq heures?

2	**poser**	*ici:* déposer
	les aiguilles *f pl*	instruments dont on a besoin pour tricoter
3	le rang	Maschenreihe
	posément *adv*	de façon réfléchie et calme
5	**la lavande**	Lavendel
	le napperon brodé	Stickdeckchen
6	la peluche	Plüsch
	la gorge	Kehle
7	les lits jumeaux	Doppelbett
	démodé,e	qui n'est plus à la mode
9	**la tache**	Fleck
	les linges *m pl*	Wäschestücke
11	**rude**	*ici:* dur
18	se croiser les bras *fam*	rester sans rien faire
19	la besogne	travail dur *(Plackerei)*
22	il me tarde de	j'attends avec impatience de

LE PAGE Conseil, monsieur.

CRÉON Eh bien, si nous avons conseil, petit, nous allons y aller.

Ils sortent, Créon s'appuyant sur le page.

LE CHŒUR *s'avance* Et voilà. Sans la petite Antigone, c'est vrai, ils auraient tous été bien tranquilles. Mais maintenant, c'est fini. Ils sont tout de même tranquilles. Tous ceux qui avaient à mourir sont morts. Ceux qui croyaient une chose, et puis ceux qui croyaient le contraire – même ceux qui ne croyaient rien et qui se sont trouvés pris dans l'histoire sans y rien comprendre. Morts pareils, tous, bien raides, bien inutiles, bien pourris. Et ceux qui vivent encore vont commencer tout doucement à les oublier et à confondre leurs noms. C'est fini. Antigone est calmée maintenant, nous ne saurons jamais de quelle fièvre. Son devoir lui est remis. Un grand apaisement triste tombe sur Thèbes et sur le palais vide où Créon va commencer à attendre la mort.

Pendant qu'il parlait, les gardes sont entrés. Ils se sont installés sur un banc, leur litre de rouge à côté d'eux, leur chapeau sur la nuque, et ils ont commencé une partie de cartes.

LE CHŒUR Il ne reste plus que les gardes. Eux, tout ça, cela leur est égal; c'est pas leurs oignons. Ils continuent à jouer aux cartes ...

Le rideau tombe rapidement pendant que les gardes abattent leurs atouts.

FIN DE «ANTIGONE».

9	raide	qui ne bouge plus, tel un mort
11	**confondre**	prendre une chose pour une autre
	remettre qc à qn	admettre qu'il ne le fasse pas *(erlassen)*
13	**un apaisement**	calme, silence
19	c'est pas leurs oignons *fam*	ce n'est pas leur affaire
20	abattre (ses cartes)	déposer ses cartes avant la fin du jeu
	un atout	*cartes:* couleur qui l'emporte sur les autres

Textes complémentaires

1 Le fond mythologique – la légende des Labdacides

Laïos et sa femme Jocaste, s'attristant d'être sans héritier, interrogent l'oracle d'Apollon à Delphes. L'oracle leur répond qu'ils auront un fils, et que celui-ci tuera son père, causant ainsi une série de terribles malheurs. A la naissance de ce fils, Laïos et Jocaste l'abandonnent sur une montagne, comptant sur une mort certaine. Cependant, leur fils est sauvé par un berger et élevé par le roi de Corinthe, Polybe. Après qu'un Corinthien lui a révélé que Polybe n'est pas son père, le fils se rend à Delphes pour y interroger Apollon sur ses vrais parents. Pendant le voyage, il rencontre par hasard son père Laïos et, à la suite d'une dispute violente, il le tue sans se rendre compte de l'identité de son adversaire.

Le Sphinx désolait les environs de Thèbes et dévorait tous ceux qui ne devinaient pas ses énigmes. Créon, successeur de Laïos, avait promis le trône et la main de sa sœur Jocaste à qui tuerait le Sphinx. Œdipe libère les Thébains du Sphinx, dont il arrive à résoudre les énigmes. Il accède ainsi au trône de Thèbes et se marie avec Jocaste, sans savoir qu'elle est sa mère.

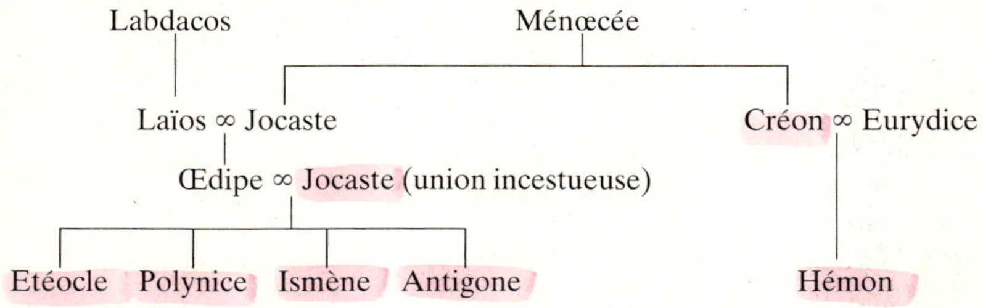

Pour apaiser les dieux courroucés, l'oracle exige qu'on poursuive l'assassin de Laïos et révèle le mystère de la naissance d'Œdipe. Désespérée, Jocaste se pend et Œdipe se crève les yeux.

Chassé de Thèbes par ses fils Etéocle et Polynice et par son beau-frère Créon, il se réfugie en Attique, dans le bois des Euménides, guidé par sa fille Antigone. Là, il meurt mystérieusement.

Désolée, Antigone rentre à Thèbes et devient témoin de la lutte acharnée pour le pouvoir entre ses frères Polynice et Etéocle. Dans le combat décisif, les deux finissent par s'entretuer.

Après cette double mort, Créon devient roi de Thèbes. Pour faire un exemple, il accorde à Etéocle des funérailles, mais refuse la sépulture à Polynice qui s'est révolté. Antigone brave son oncle ouvertement, en ensevelissant son frère malgré la défense de Créon. Créon la condamne à mourir de faim dans le tombeau des Labdacides. Désespérée, elle se pend. Hémon, fils de Créon et amant d'Antigone, la trouve pendue et se suicide sur place.

La légende d'Œdipe a inspiré au poète grec Sophocle (496–404 av. J.-C.) ses plus belles tragédies. Dans «Antigone» (442 av. J.-C.), la fille d'Œdipe assume son destin tragique.

	les Labdacides	race légendaire de la mythologie grecque, dont l'ancêtre est Labdacos
2	Delphes	ville de la Grèce antique, en Phocide, dans un site grandiose où Apollon avait un temple et rendait des oracles par la bouche de la pythie, une prophétesse
12	une énigme	chose qu'il faut deviner
14	accéder au trône	devenir roi
15	Thèbes	ville de Grèce, ancienne capitale de la Béotie
18	incestueux,se	se dit de relations sexuelles entre proches parents *(blutschänderisch)*
20	courroucé,e	en colère, furieux
	un assassin	tueur, meurtrier
22	se pendre	se tuer à l'aide d'une corde
	se crever les yeux	s'aveugler *(s. blenden)*
24	l'Attique *f.*	péninsule de la Grèce où se trouve Athènes, composée de petits massifs montagneux et de plaines fertiles
	les Euménides (ou Erinyes)	déesses de la vengeance dans les mythes grecs
26	désolé,e	très triste
	acharné,e	d'une violence extrême
28	s'entretuer	se tuer l'un l'autre, mutuellement
30	la sépulture	Begräbnis
31	braver qn	s'opposer à lui ouvertement
34	se suicider	se donner la mort soi-même

Questions

1. Relevez les événements fatals dont Œdipe fut victime.
2. Quel est l'enchaînement fatal de faits qui aboutit au conflit entre Créon et Antigone?
3. Ce conflit se termine par un désastre. Lequel?

2 Le décret fatal

CRÉON Citoyens, après la tourmente qui nous a secoués, les dieux nous ont remis d'aplomb. Je vous ai convoqués entre tous, vous qui avez toujours été, je le sais, les loyaux soutiens du trône; vous l'étiez sous Laïos, vous le fûtes lorsqu'Œdipe rétablit nos affaires, et vous avez conservé, après la mort de ce prince, votre fidèle attachement aux enfants royaux. Depuis le jour que les deux frères, succombant à leurs destins jumeaux, ont péri, l'un par l'autre frappés, l'un par l'autre criminels, le pouvoir souverain m'est revenu comme au plus proche parent. Or il est impossible de juger du caractère, de l'intelligence et des idées d'un homme tant qu'il n'a pas fait ses preuves au gouvernement et à la garde des lois. Quiconque assume la direction d'un Etat, s'il a d'autres soucis que le bien public et se laisse clouer la langue par je ne sais quelle timidité, je dis – et je l'ai toujours dit – que c'est le pire des lâches. Et quiconque préfère à sa patrie un être cher est pour moi comme s'il n'était pas. Que Zeus le sache, dont l'œil voit tout: je ne puis me taire quand je vois le malheur menacer la sécurité de mes concitoyens. Jamais je ne prendrai pour ami un ennemi public; je sais trop que le salut de la patrie est notre salut et qu'il n'y a pas d'amitié qui tienne dans une patrie en détresse. Tels sont les principes au nom desquels j'entends gouverner; ils inspirent l'arrêté que je fais proclamer concernant les fils d'Œdipe: Etéocle, guerrier hors de pair, mort en servant son pays, sera enseveli avec tous les honneurs qui accompagnent sous la terre les plus glorieux morts; mais son frère Polynice, le banni qui n'est revenu que pour livrer aux flammes sa patrie et ses dieux, s'abreuver du sang fraternel et réduire les siens en esclavage, défense publique est faite aux citoyens de l'honorer d'un tombeau, de le pleurer; que son corps gise, privé de sépulture, proie des oiseaux et des chiens, objet d'opprobre. Telle est ma décision. Jamais je ne souffrirai que les scélérats usurpent les honneurs qu'on doit aux gens de bien. En revanche, tout patriote, vivant ou mort, me trouvera prêt à l'honorer.

LE CORYPHÉE Sur le bon et sur le mauvais serviteur du pays, Créon, fils de Ménœcée, la sentence est rendue, c'est bien: il t'appartient de porter des décrets à ta guise aussi bien sur les morts que sur nous autres les vivants.

CRÉON Comment pensez-vous assurer l'exécution de mes ordres?

LE CORYPHÉE Confie cette charge à de plus jeunes que nous.

CRÉON Bien entendu, j'ai placé des gardes près du cadavre.

LE CORYPHÉE Que pouvons-nous d'autre pour te servir?

CRÉON Te garder de toute collusion avec les contrevenants.

LE CORYPHÉE Personne n'est assez fou pour désirer la mort.

CRÉON Tel serait le salaire, en effet. Mais la cupidité a souvent perdu les hommes.

Sophocle, *Antigone,* p. 73
Dans: Sophocle, *Théâtre Complet.* Paris 1964.

1	la tourmente	*ici:* troubles politiques violents
2	remettre qn d'aplomb	*ici:* soutenir, réconforter
	convoquer qn	appeler
3	le soutien	*ici:* personne qui aide, qui appuie
	Laïos	père d'Œdipe
5	l'attachement *m*	lien, rapport amical
6	succomber à son destin	*ici:* mourir
	jumeau,x	*ici:* de même nature, identique
10	faire ses preuves	montrer sa valeur, ses capacités
11	assumer	prendre, se charger de
12	se laisser clouer la langue	ne rien dire
	la timidité	manque de courage dans l'action ou dans la pensée
18	en détresse	en grand danger
19	un arrêté	décret
20	hors de pair	incomparable
21	ensevelir qn	enterrer
22	le banni	hors-la-loi
24	s'abreuver de qc	*fig:* en boire beaucoup
	un esclavage	Sklaverei
26	gésir	*verbe défectif, arch:* reposer, être là
	(être la) proie de ...	(être) victime de ...
27	l'opprobre *m*	*litt:* honte
	le scélérat	grand criminel
28	usurper qc	prendre de force sans en avoir le droit
30	le coryphée	chef du chœur, dans le théâtre grec
31	la sentence	jugement
	appartenir à qn	jm zustehen
32	à ta guise	selon ton goût
37	la collusion	complicité
	le contrevenant	celui qui agit contrairement à un décret, à une prescription
39	le salaire	*ici, par ironie:* récompense
	la cupidité	désir immodéré de biens matériels

Questions

1. Quels doivent être les principes d'un chef d'Etat, selon le Créon de Sophocle?
2. Pourquoi n'accorde-t-il des funérailles qu'à Etéocle?
3. Quel est le rôle du Coryphée dans cette scène?
4. Quel sera le sort de ceux qui ne respecteront pas le décret?

3 Antigone rebelle

ANTIGONE La sépulture due à nos deux frères, Créon ne prétend-il pas l'accorder à l'un et en spolier l'autre? On dit qu'il a enseveli Etéocle selon le rite, afin de lui assurer auprès des morts un accueil honorable, et c'était son devoir; mais le malheureux Polynice, il défend par édit qu'on l'enterre et qu'on le pleure: il faut l'abandonner sans larmes, sans tombe, pâture de choix pour les oiseaux carnassiers! Oui, telles seraient les décisions que Créon le juste nous signifie à toi et à moi, oui, à moi! Il viendra tout à l'heure les proclamer afin que nul n'en ignore! Il y attache la plus grande importance et tout contrevenant est condamné à être lapidé par le peuple. Les choses en sont là, et bientôt tu devras montrer si tu es fidèle à ta race ou si ton cœur a dégénéré.

ISMÈNE Mais, ma pauvre amie, si les choses en sont là, que je m'en mêle ou non, à quoi cela nous avancera-t-il?

ANTIGONE Vois si tu veux prendre ta part de risques dans ce que je vais faire.

ISMÈNE Quelle aventure veux-tu donc courir? Quel est ton projet?

ANTIGONE Je veux, de mes mains, enlever le corps. M'y aideras-tu?

ISMÈNE Quoi! tu songes à l'ensevelir? Mais c'est violer l'édit!

ANTIGONE Polynice est mon frère; il est aussi le tien, quand tu l'oublierais. On ne me verra pas le renier, moi.

ISMÈNE Mais, folle! et la défense de Créon?

ANTIGONE Créon n'a pas de droits sur mon bien.

ISMÈNE Hélas, réfléchis, ma sœur. Notre père est mort réprouvé, déshonoré; lorsqu'il s'est lui-même découvert criminel, il s'est arraché les yeux, et sa femme, qui était sa mère, s'est pendue. Et voici nos deux frères qui se sont entretués, ne partageant entre eux que la mort, les infortunés!

Demeurées seules, nous deux, à présent, ne prévois-tu pas l'affreuse fin qui nous guette si nous enfreignons la loi, si nous passons outre aux édits et à la puissance du maître? N'oublie pas que nous sommes femmes et que nous n'aurons jamais raison contre des hommes. Le roi est le roi: il nous faut bien obéir à son ordre, et peut-être à de plus cruels encore. Que nos morts sous la terre me le pardonnent, mais je n'ai pas le choix; je m'inclinerai devant le pouvoir. C'est folie d'entreprendre plus qu'on ne peut.

ANTIGONE Je n'ai pas d'ordres à te donner. D'ailleurs, même si tu te ravisais, tu ne me seconderais pas de bon cœur. Fais donc ce qu'il te plaira; j'ensevelirai Polynice. Pour une telle cause, la mort me sera douce. Je reposerai auprès de mon frère chéri, pieusement criminelle. J'aurai plus longtemps à plaire à ceux de là-bas, qu'aux gens d'ici. Là-bas, mon séjour n'aura point de fin. Libre à toi de mépriser ce qui a du prix au regard des dieux.

ISMÈNE Je ne méprise rien; mais désobéir aux lois de la cité, non: j'en suis incapable.

ANTIGONE Invoque ce prétexte ... J'irai recouvrir de terre le corps de mon frère bien-aimé.

ISMÈNE Malheureuse, que je tremble pour toi!

ANTIGONE Ne te mets pas en peine de moi, assure ta vie.

ISMÈNE Au moins n'avertis personne; cache bien ton projet: je le cacherai aussi.

ANTIGONE Hélas! parle, au contraire, annonce-le à tout le monde: je t'en voudrais bien plus de ton silence.

ISMÈNE Ton cœur s'enflamme pour ce qui glace d'effroi.

ANTIGONE Je sais qu'ils sont contents de moi, ceux que d'abord je dois servir.

ISMÈNE Si toutefois tu réussis; mais tu vises l'impossible.

ANTIGONE Quand les forces me manqueront, je renoncerai.

ISMÈNE C'est mal déjà que de tenter l'impossible.

ANTIGONE Ne parle pas ainsi, ou je te haïrai, et le mort te haïra, quand tu reposeras près de lui; et ce sera justice. Laisse-moi, laisse mon imprudence courir ce risque. Quoi qu'il me faille souffrir, je serai morte glorieusement.

ISMÈNE Pars, puisque tu l'as résolu. C'est une folie, sache-le bien; mais tu sais aimer ceux que tu aimes.

Sophocle, *Antigone*, pp.69–71.

2	spolier qn de qc	priver de qc
	ensevelir qn	enterrer
4	un édit	*ici:* décret
6	la pâture	nourriture des animaux *(Atzung)*
	carnassier,ière	qui mange de la viande
7	signifier qc à qn	*ici:* informer de qc
9	lapider qn	tuer à coups de pierres
11	dégénérer	se dégrader, perdre ses qualités
20	renier qn	déclarer faussement qu'on ne le connaît pas *(verleugnen)*
23	réprouvé,e	damné *(verflucht)*
26	un,e infortuné,e	*litt:* malheureux
27	affreux,se	terrible
28	guetter	*ici:* attendre
	enfreindre (une loi)	ne pas (la) respecter, (la) violer
	passer outre à	enfreindre, violer
33	s'incliner	*ici:* obéir
35	se raviser	changer d'avis
36	seconder qn	aider, soutenir
38	pieusement	avec amour et respect
44	invoquer	*ici:* nommer, mentionner
48	avertir qn	informer
50	en vouloir à qn	être fâché contre qn
52	glacer qn d'effroi	remplir de frayeur, de terreur
55	viser qc	essayer d'atteindre
59	une imprudence	manque de prudence *(Unvorsichtigkeit)*

Questions

1. Quels motifs poussent Antigone à ensevelir son frère Polynice?
2. Qu'est-ce qui empêche Ismène de suivre l'exemple de sa sœur?
3. En quoi peut-on dire qu'elle admire secrètement Antigone?

4 Anouilh sur «Antigone»

Pully, Suisse

Monsieur,

Je vous remercie d'abord de l'intérêt que vous portez à Antigone et je vais vous répondre, bien sûr, bien que je sois un amnésique et un ahuri qui est passé à travers tous les événements sans en comprendre le sens.

[...] La pièce a été écrite en 1941–42, quand exactement, je ne le sais plus.

Antigone – Théâtre de l'Atelier, Février 1944

Elle n'a été jouée qu'en 44 parce que Barsacq avait retenu deux autres pièces – et qu'il n'y croyait qu'à demi, comme bien d'autres et que j'ai promené mon manuscrit comme un vieux tapis à vendre pendant deux ans. Finalement il l'a montée en 1944 seulement.

Je vivais depuis mes quinze ans avec l'Antigone de Sophocle, je ne savais rien de celle de Cocteau – je n'étais pas un jeune homme «au courant». [...]

Je me vois finissant la pièce, de nuit, ce qui ne m'arrive jamais, je suis un homme du matin, mais vers la fin je ne peux plus m'arrêter, en été, il faisait très chaud, dans une maison que j'avais louée à Salier de Béarn – car nous avions été chassés d'Arcachon par un décret des autorités d'occupation qui éloignaient les non-résidents des côtes. J'y préparais avec Barsacq une mise en scène, sans doute l'Eurydice. C'est donc l'été 41 ou 42.

En tout cas, Barsacq a dès 42 demandé le visa de censure, ce qui explique bien des choses. [...] Toujours est-il que nous avons eu nos deux tampons avec l'aigle à deux têtes sur nos deux manuscrits dès 1942 et que Barsacq, quand on a monté la pièce en 1944, n'a pas présenté une nouvelle fois la pièce à la censure ... Un ou deux mois après la générale, il y a eu, paraît-il, c'est Barsacq qui m'a raconté ça, un rapport à Berlin. On m'a dit – je ne sais pas si c'est vrai, que c'était Friedrich Sieburg (Dieu est-il français?) qui avait alerté les gens de là-bas en disant qu'on jouait une pièce à Paris devant un parterre tous les soirs renouvelé d'officiers et de soldats allemands qui ne devaient peut-être pas entendre des choses pareilles ... On a convoqué Barsacq en tapant sur la table et l'accusant d'avoir osé monter une pièce sans le visa de censure (ce qui prouve qu'il y avait du fouillis même dans l'administration allemande!). Barsacq a joué les innocents (il savait très bien faire ça) et a exhibé ses deux manuscrits dûment tamponnés. On a changé de ton alors et on lui a dit qu'il devait arrêter cette pièce (dûment autorisée) de lui-même en lui offrant une forte subvention pour monter une pièce de Kleist. Barsacq a joué les imbéciles disant qu'il ne voyait pas pourquoi il arrêterait une pièce en plein succès, mais que les autorités d'Occupation étaient maîtres de l'arrêter elles-mêmes etc. etc. Embarras, tergiversations, le débarquement: d'autres chats à fouetter sans doute – toujours est-il que la pièce a continué jusqu'à la prise de Paris.

Les vrais ennuis pour nous, dont je n'ai pas tenu compte, n'ont commencé curieusement que lorsqu'on l'a reprise en 1944 tout de suite après la Libération de Paris.

Les «Lettres Françaises» que je ne connaissais pas [...] venaient de publier dans leur dernier numéro clandestin un article extrêmement virulent contre la pièce me traitant de Waffen SS. Il n'était pas signé. [...]

On a joué quand même, et là je m'attendais au pire [...] Personne n'a osé applaudir à la fin jusqu'à ce que le Général Koenig, gouverneur militaire de Paris (m'a-t-on raconté, je n'étais pas là) se lève dans sa loge et crie: «C'est admirable!» C'est ce qui m'a sauvé. Le reste n'a été qu'insinuations méchantes.

Lettre de Jean Anouilh à Manfred Flügge, 15. 5. 1979
Dans: Manfred Flügge, *Verweigerung oder Neue Ordnung. Jean Anouilhs ANTIGONE im politischen und ideologischen Kontext der Besatzungszeit 1940–44,* Bd. II, pp. 43–46, Rheinfelden 1982.

4	un amnésique	celui qui a perdu la mémoire
	un ahuri	qui perd facilement la tête, qui oublie beaucoup de choses
8	André Barsacq	directeur du théâtre de l'Atelier
11	monter (une pièce)	créer, mettre en scène
18	le non-résident	celui qui n'a pas de domicile fixe dans une certaine ville
19	Eurydice	*ici:* pièce d'Anouilh composée en 1941 et créée le 18. 12. 1942 au théâtre de l'Atelier par A. Barsacq
20	le visa de censure	*ici:* tampon de contrôle des Nazis *(Zensurvermerk)*
22	l'aigle à deux têtes	symbole du *Reich* (l'aigle *m.: Adler*)
24	la générale	répétition précédant la première d'une pièce de théâtre
26	Friedrich Sieburg (1893–1964)	écrivain et publiciste allemand, proche du nazisme
27	alerter qn	avertir, informer
29	convoquer qn	appeler pour interroger
31	le fouillis	désordre
32	innocent,e	qui n'a rien fait de mal, qui n'est pas coupable
33	exhiber qc	faire voir, montrer
	dûment	selon le règlement *(ordnungsgemäß)*
36	jouer les imbéciles	faire comme si on était idiot
39	les tergiversations *f.pl.*	le fait d'éviter une réponse claire pour retarder une décision *(Ausflüchte)*
	le débarquement	arrivée des troupes alliées en Normandie, le 6 juin 1944 (Jour J)
	avoir d'autres chats à fouetter	avoir autre chose à faire
41	un ennui	*ici:* événement fâcheux
45	clandestin,e	secret
	virulent,e	*ici:* contenant des attaques violentes
46	traiter qn de qc	insulter
50	une insinuation	allusion cachée

Questions

1. Pour quelles raisons l'Antigone n'a-t-elle été jouée qu'en 1944?
2. Pourquoi Barsacq eut-il des ennuis avec la censure nazie?
3. Comment réussit-il à se tirer d'affaire et à faire continuer les représentations de la pièce?
4. Quand est-ce que les vrais ennuis ont commencé pour l'auteur et pour le metteur en scène? Pourquoi?

5 Erich Kästner über die deutsche Erstaufführung am 30. 3. 1946 in Darmstadt

[...] Darmstadt und die Darmstädter galten in Theaterdingen stets für besonders aufgeschlossen. Und da Wilhelm Henrich, der in den zwanziger Jahren des Jahrhunderts, zu Gustav Hartungs und Carl Eberts Wirkzeiten, als Kulturreferent der Stadt amtierte, heute Intendant ist, muß man sich über den Tatendrang des neuen Ensembles nicht zu sehr wundern. Man braucht es um so weniger zu tun, als der Intendant die Schauspieler dem Regisseur Karl Heinz Stroux anvertraut hat. [...] Aus den nahegelegenen Kulturzentren, aber auch aus Kassel, Köln, München und Berlin waren Fachleute zu Gast. Man saß nach den Vorstellungen beieinander und diskutierte, daß die Köpfe wie Fabrikschlote rauchten. Man analysierte das Wesen moderner Tragödien, wie es, in der Antigone Anouilhs, die Figur des Sprechers bereits geistvoll und mit gallischer Ironie unternommen hatte. «Das Uhrwerk ist aufgezogen», hatte er gesagt, «ein Stups, und dann rollt es ab ... Das ist das Praktische an der Tragödie!» Man erörterte die 1942 aktuell gewesene Bedeutung des Stückes: Mit König Kreon war der «aufgeklärte» Diktator Laval, mit Antigone die junge Widerstandsbewegung gemeint gewesen, die fast trotzig wie ein Kind auf dem Rechte, früh zu sterben, bestanden hatte. «Ich will alles, sofort und vollkommen, oder ich will nichts! Ihr seid widerlich mit eurem Glück!» Als Antigone auf den Richtplatz geführt worden war, hatte Kreon gesagt: «Ihr war die Hauptsache, sterben zu dürfen. Hätte ich sie zum Leben verurteilen sollen?» Die Bühne war wieder, nach zwölf Jahren, zum «Theatrum mundi» geworden, und entsprechend wogten die Gespräche. [...]

In: Neue Zeitung vom 5. 4. 1946

6 Antigone: Un mythe éternel et brûlant

Après une saison au théâtre de Boulogne-Billancourt, l'Antigone d'Anouilh, une des pièces les plus fortes du répertoire contemporain, est reprise au théâtre de la Madeleine. C'est un grand spectacle porté par de grands comédiens, toujours dans la mise en scène d'Eric Civanyan. Dès sa création en 1944, la pièce connaît un triomphe, et le mythe d'Antigone reste aujourd'hui d'actualité: jusqu'où peut-on accepter d'aller, avec une soif d'absolu et de perfection, face aux inévitables compromissions que la vie impose. Dans cette interrogation, la jeunesse de tous les pays se retrouve et se reconnaît. Vaste sujet où l'on réfléchit et analyse. Dans ce superbe combat théâtral où tous les coups portent, on parle de vivre, de mourir, d'aimer, de se battre, avec d'un côté Antigone, et la jeunesse frondeuse, insoumise, de l'autre, Créon, un homme déjà marqué par la vie. Dans ce conflit de génération, Anouilh, par la voix d'une jeunesse ardente, règle au passage ses comptes avec l'absurde, l'incommunicabilité et bien sûr la politique. Si l'amour est présent, l'angoisse existentielle persiste et Antigone, trouvera la mort au bout du chemin. C'est le vieil homme, fort de sa science et de son renoncement, qui triomphera. Guy Tréjan trouve ici un rôle à sa mesure. Ce grand et émouvant comédien, prête sa stature et son humanité à Créon, en face d'une Antigone, fière, rebelle, inquiète, enthousiaste, interprétée par Dolorès Torrès. Œuvre classique, saluée comme telle à sa création, Antigone prend de nouvelles couleurs, grâce à Eric Civanyan, un jeune metteur en scène, qui a su préserver la langue belle et pure d'Anouilh, et garder à la pièce un caractère clair et précis. Guy Tréjan, figure importante de notre théâtre actuel, aimerait être présent dans d'autres pièces d'Anouilh, comme «Colombe» où il souhaiterait Edwige Feuillère comme partenaire, ou «l'Alouette», avec Miou Miou et Patrick Chesnais, mais il ne sait pas encore si ces projets se concrétiseront. [...]

Arlette Frazier, dans Pariscope, 1987

Antigone – Mise en scène d'Eric Civanyan, Théâtre de Boulogne-Billancourt – 1987.
Dolorès Torrès et Guy Tréjan

7	la compromission	Bloßstellung
10	porter	*ici:* toucher le but
11	frondeur,se	porté à la critique et à l'opposition
12	insoumis,e	qui ne se soumet pas à la volonté d'un autre
13	ardent,e	plein d'enthousiasme et d'idéalisme
	régler ses comptes avec	abrechnen mit
14	l'incommunicabilité *f*	l'incapacité de communiquer
15	une angoisse	forte peur
	persister	durer
17	le renoncement	*litt:* Entsagung
25	Colombe	pièce d'Anouilh, créée au théâtre de l'Atelier le 10. 2. 1951
26	l'Alouette	pièce de théâtre d'Anouilh, réalisée le 14. 10. 1953 au théâtre Montparnasse-Gaston Baty
27	se concrétiser	être réalisé

Questions

1. Pourquoi le mythe d'Antigone n'a-t-il rien perdu de son actualité, selon l'auteur?
2. Pour caractériser l'action de la pièce, l'auteur parle de «combat théâtral» (10). Pourquoi?
3. Est-ce justifié de parler d'un «triomphe» (17) de Créon?
4. Quels sont, selon l'auteur, les mérites de la mise en scène d'Eric Civanyan?

7 «Antigone» à la Comédie-Française

[. . .] Ces dernières années l'étoile très favorable d'Anouilh a associé le nom d'Antigone à celui de la pièce la plus célèbre de cet auteur, et l'œuvre de Sophocle fut réléguée dans les pays lointains de la mémoire, classée parmi les antiquités plus savantes qu'émouvantes. Quand il était question de «la petite Antigone», c'était de celle d'Anouilh qu'il s'agissait. Malheureusement, quelles que soient les qualités de l'ouvrage de l'écrivain moderne elles sont tout simplement incomparables avec celles de la tragédie de Sophocle; on ne juge plus avec les mêmes mesures; la densité dramatique n'est plus la même.

Il ne peut être question ici de redécouvrir le drame de ce dernier et pourtant la représentation d'*Antigone* dans la traduction d'A. Bonnard donnée par la Comédie-Française a su faire revivre avec une intensité poignante la tragédie antique.

C'est le courage qui est le mobile de l'action d'*Antigone,* le courage doublé d'une grande piété, point de provocation dans ce qu'elle entreprend: quels que soient les torts de son frère il doit être enterré pour trouver un apaisement au bout de sa mort. Les ordres de Créon, égaré par la passion, sont inhumains, il ne faut pas l'écouter. Antigone n'est pas une révoltée (comme chez Anouilh) mais une fille fière au grand cœur, sa croyance et sa parenté avec Œdipe dont elle s'enorgueillit lui confèrent une force qui dépasse celle d'une quelconque femme; cette grande force qu'elle puise au fond d'elle provient surtout de sa certitude d'être en accord avec l'ordre supérieur qui règne sur le monde, son rôle lui est assigné, il lui reste à le bien jouer. Si Antigone demande d'abord l'aide d'Ismène, c'est moins par désir de ne pas être seule que pour la faire participer à une action où elle devrait agir comme sœur de Polynice et fille d'Œdipe, mais très vite Antigone confirmée dans son opinion par le refus d'Ismène voit que la tâche lui est dévolue, elle seule par son action qu'approuvent les dieux fera crouler le pouvoir de Créon.

Quant à Créon, son caractère se dévoile lentement. Il peut encore faire illusion au début de la tragédie et paraître agir pour la raison d'Etat, mais au cours de la pièce il s'éclairera peu à peu: s'il refuse une sépulture à Polynice c'est par vengeance, et pour bien faire sentir son autorité de tyran. Lorsque la colère du ciel commencera à le menacer il ne gardera plus aucune grandeur, il suppliera, s'humiliera, mais trop tard, trop tard pour sauver Antigone, son fils et lui-même, trop tard pour empêcher le courroux des dieux de se manifester jusqu'au bout.

Avec les sobres et nobles décors de Nerces Bartau, toute l'action se déroule devant le palais de Créon: colonnes et escaliers se dégageant sur un cyclorama. La lumière a beaucoup contribué à la beauté du spectacle: le jour, la nuit, la colère divine, tout fut rendu non seulement par le jeu des acteurs, le texte, mais par une lumière qui baignait personnages et décors, les mettant chaque fois dans l'atmosphère propice, et lorsqu'un gris légèrement violacé commença d'envahir la scène lorsque Créon apparut tenant dans ses bras le corps mort de son fils, une véritable teinte sépulcrale couvrit les protagonistes, annonça comme la fin d'un monde, un deuil à la fois terrestre et céleste. (...)

Catherine Valogne, *«Antigone» à la Comédie-Française.*
Dans: Arts 7 du 29 juin, 1951

1	associer	lier
3	réléguer	envoyer dans un endroit éloigné *(verweisen)*
4	les antiquités *f.pl.*	sujets antiques
12	poignant,e	très fort
14	le mobile	cause, motif
16	le tort	*ici:* faute, erreur
17	un apaisement	calme, tranquillité
	égaré,e	troublé
20	s'enorgueillir de qc	en être fier
	conférer qc	donner
21	puiser	*ici:* tirer
28	être dévolu,e à qn	revenir à qn *(zufallen)*
	approuver qc	être d'accord avec
	faire crouler	ruiner, détruire
30	se dévoiler	se révéler, se manifester
35	supplier	prier intensément
	s'humilier	s'abaisser *(s. erniedrigen)*
36	le courroux	*litt:* colère
38	sobre	dépouillé, austère *(nüchtern)*
39	la colonne	Säule
40	le cyclorama	scène en demi-cercle
43	propice	favorable
44	violacé,e	(couleur) qui tire sur le violet *(rotviolett)*
45	la teinte	coloration, nuance de couleur
	sépulcral,e	qui rappelle la mort
46	le deuil	douleur causée par la mort de qn
47	céleste	qui a rapport au ciel

Questions

1. Que pense l'auteur des qualités respectives des «Antigone» classique et moderne?
2. Qu'est-ce qui pousse l'Antigone sophocléenne à s'opposer à la volonté de son oncle?
3. En quoi est-elle différente de l'Antigone d'Anouilh?
4. Quel est le caractère de Créon, dans la version antique?
5. Qu'est-ce qui distingue la mise en scène de l'Antigone classique à la Comédie-Française en 1951, selon l'auteur?

8 «Antigone»: Tragédie, drame? Drame, tragédie?

Je viens d'assister à la représentation, en sa version anglaise, de l'Antigone de Jean Anouilh, pièce que j'avais entendue, jadis, dans son texte original, quelque temps après sa création à Paris.

J'espérais que, le recul du temps aidant, j'eusse emporté une meilleure impression. Il n'en a rien été: la pièce d'Anouilh est toujours ce qu'elle était lorsqu'elle fut soumise aux feux de la rampe de l'Atelier.

Passe pour le décor dépouillé, les robes noire et blanche d'Antigone et d'Ismène. Mais un roi de Thèbes en habit du XXe siècle, et les gardes en imperméable noir, non! On m'a pris en pitié, et on m'a dit, sur un ton d'ironie, que je n'y avais rien compris. Eh bien, oui, c'est cela: il n'y a rien à y comprendre, pas même ce que Pierre de Boisdeffre, critique enthousiaste il y a vingt ans, et qui l'est resté, je suppose, appelait «ce langage de tous les jours», trouvant que le décor et les costumes donnaient «au drame sa résonance et sa portée humaine par delà les siècles».

Deux ans après la première représentation de février 1944, Hubert Gignoux, dans l'étude qu'il consacrait à l'auteur d'Antigone, se demandait si Anouilh avait cru faire une tragédie. Pour moi, la question est mal posée: si Anouilh a voulu faire une tragédie et, par conséquent, a cru de bonne foi qu'il en faisait une, il s'est trompé et fourvoyé. Il ne suffit pas, pour bâtir un tel édifice, d'emprunter un sujet et un personnage à l'antiquité, si l'on entend substituer aux règles essentielles une tournure moderne, une couleur différente, un autre langage, et cela, sous prétexte de vérité psychologique. Ne s'est-il pas agi plutôt de la recherche d'un certain effet, d'un réalisme conçu pour la scène et pour le public? [...] La pièce a pu recueillir les plus vifs éloges, mais on y chercherait en vain, me semble-t-il, un peu de la pureté poétique et de la grandeur qui sont dans l'œuvre de Sophocle.

[...] Au demeurant, en plein milieu de son manuscrit, Anouilh commence à sentir le besoin d'une justification: «C'est propre la tragédie. C'est reposant, c'est sûr ... Dans la tragédie, on est tranquille ... Et puis, surtout, c'est reposant, la tragédie ...» – (Pesante redite) – Et d'opposer ces qualités à celles du drame «ignoble, utilitaire». Mais en quoi, je vous le demande, cette pseudo-théorie peut-elle bien intéresser le spectateur à qui il faut plaire, et qu'il faut émouvoir? En quoi ces déclarations peuvent-elles donner quelque relief à l'action, et exhausser le sacrifice du personnage central?

Il ne faut peut-être point s'embarrasser de telles questions. Dès le prologue, nous étions avertis: «Voilà. Ces personnages vont vous jouer l'histoire d'Antigone.» Il ne s'agissait encore que d'une histoire, et il restait donc à choisir entre le drame et la tragédie pour nous la conter. C'est encore le chœur qu'Anouilh charge du plaidoyer. Il est temps, car il a déjà écrit plus d'un tiers de sa pièce, et il ne sait toujours pas s'il s'est engagé dans la voie de la tragédie ou dans celle d'un drame. Pourtant, dès les premiers mots, il n'est plus de doute: «Maintenant le ressort est bandé. Cela n'a plus qu'à se dérouler tout seul. C'est cela qui est commode dans la tragédie.» Mais le doute commence une vingtaine de lignes plus loin, car toute la description qu'Anouilh y donne du drame, c'est le sujet même qu'il a choisi de traiter: «Dans le drame, avec ces traîtres, avec ces méchants acharnés, cette innocence persécutée, ces vengeurs, ces terre-neuve, cela devient épouvantable de mourir, comme un accident.» Tout son thème d'Antigone, c'est celui-là. Donc Anouilh écrit un drame. Erreur, car aussitôt, il nous rebat les oreilles avec la reposante tragédie, «parce qu'on sait qu'il n'y a plus d'espoir, le sale espoir». Or, si le chœur est encore à ce moment hors de l'action, il dépeint, pour le spectateur, ce que cette action va être. Aussi le spectateur ne sera-t-il pas surpris d'entendre Antigone clamer plus tard: «Nous sommes de ceux qui lui sautent dessus quand ils le rencontrent, votre espoir, votre cher espoir, votre sale espoir!» Tragédie, drame? Drame, tragédie? Décidément, l'auteur balançait. [...]

H. G. Francq, *D'une œuvre et d'une critique: L'Antigone de Jean Anouilh.*
Dans: Culture 27 (Juin 1966), pp. 137–145, Québec, Canada

4	le recul	Abstand
6	les feux de la rampe	éclairage disposé au bord de la scène
7	dépouillé,e	simple, sobre
8	l'habit *m*	vêtements
14	la portée	importance
16	consacrer à	donner
19	se fourvoyer	*litt* s' égarer, se tromper
20	un édifice	*ici:* pièce bien construite
21	substituer à	mettre à la place de
	la tournure	air, apparence
25	un éloge	jugement favorable, compliment
30	pesant,e	lourd
	la redite	répétition
31	ignoble	laid, vilain
	utilitaire	orienté vers le profit
34	le relief	contours nets
	exhausser	augmenter
36	s'embarrasser de qc	s'inquiéter

43	le ressort	Feder
	bandé,e	tendu
47	le traître	celui qui trahit qn ou qc
	acharné,e	furieux et violent
48	persécuté,e	qu'on poursuit en ennemi
	le terre-neuve	*fig* celui qui sauve la vie à qn
50	rebattre les oreilles à qn de qc	lui en parler continuellement jusqu'à le fâcher
54	clamer	s'écrier
57	balancer	*ici* être incertain, hésiter.

Questions

1. Quels aspects de la mise en scène l'auteur critique-t-il vivement? Référez-vous aux lignes 7–14 du texte.
2. Quels sont, selon l'auteur, les défauts de la conception dramatique d'Anouilh?
3. Quelle est, selon l'auteur, la plus grande faiblesse de la pièce? Etudiez les lignes 27–57 du texte.

9 Théâtre et Public

Le théâtre a ceci de merveilleux et de terrible qu'on ne peut s'y passer du succès. Une pièce se joue avec des acteurs et l'un de ces acteurs, qu'on le veuille ou non, c'est le public.

Ce public peut d'ailleurs être restreint et pour certaines œuvres n'alimenter qu'un petit nombre de représentations. Il n'en doit pas moins exister.

Il y a quelque chose d'extrêmement troublant et qui m'émerveille toujours dans ce mensonge collectif d'une douzaine d'êtres qui tous les soirs, à la même heure, font les mêmes gestes convenus, disent les mêmes mots pour faire croire à une réalité fugitive. Devant une salle vide, leur manège répété semblerait hystérique. Le public seul lui donne son équilibre et sa nécessité.

Aux répétitions, les personnages les mieux dessinés ont cependant, je l'ai souvent remarqué, quelque chose d'arbitraire et de décousu. Le comédien peut en dire très justement le texte, en mimer exactement les attitudes, ces personnages paraissent curieusement être des poissons rouges inaccessibles, derrière la vitre d'un aquarium. Quelque chose de flou et de cotonneux les entoure.

L'auteur, s'il est jeune, s'affole et s'acharne sauvagement sur ses malheureux interprètes. Il fait pleurer la jeune première qui n'avait vraiment pas besoin de ça pour avoir l'air ahuri, se pincer la douairière qui a trente ans de théâtre, rugir le grand premier rôle hypernerveux qui se découvre soudain une irrésistible envie d'aller planter ses choux dans sa petite maison de Seine-et-Oise. Tout est vain.

Mais, à l'avant-dernière répétition, reçoit-on seulement quatre amis, que quelque chose de mystérieux se cristallise: ils écoutent et, parce qu'ils écoutent, l'histoire devient soudain vraisemblable, les personnages justes, le rythme exact. Et le jeune auteur – qui en verra bien d'autres – découvre alors que rien n'allait parce qu'il y avait jusqu'ici un rôle qui n'était pas tenu dans la pièce: le rôle du public.

La question a d'ailleurs été évoquée et résolue avec élégance, bien avant moi. Un humoriste a dit qu'il fallait que le public, lui aussi, ait du talent.

Exiger du talent d'un public paraît, au premier abord, une entreprise délicate, voire un peu injuste. Un comédien a son cachet, un auteur son pourcentage sur la recette, on peut être exigeant avec eux; mais un public auquel on réclame d'abord plusieurs dizaines de francs avant de le laisser pénétrer dans le temple, comment lui poser la question sans le décourager? (...)

Jean Anouilh, *Propos déplaisants.*
Dans: Pol Vandromme, *Jean Anouilh – un auteur et ses personnages.* © Editions de la Table ronde, Paris 1965, pp. 223–24.

1	se passer de qc	renoncer à
4	restreint,e	limité en nombre
	alimenter	entretenir, nourrir
6	émerveiller qn	frapper d'étonnement
7	le mensonge	*contraire de:* vérité
8	convenu,e	dont on est tombé d'accord *(abgesprochen)*
9	fugitif,ve	difficile à saisir
	le manège	*ici:* jeu
12	dessiné,e	profilé
13	arbitraire	*ici:* artificiel
	décousu,e	qui manque de cohérence
15	inaccessible	qu'on ne peut atteindre
16	flou,e	qui n'a pas de forme précise
	cotonneux,se	mou, semblable à de la ouate *(watteartig)*